メシが食える大人になるために

子どもを勉強好きに変える親の習慣

花まる学習会代表
高濱正

永岡書店

はじめに

本書は、２０１４年に『〈高濱流〉わが子に勉強ぐせをつける親の習慣』として刊行したものですが、４回重版し、多くの親御さんたちからご好評をいただいた一冊です。そこで家庭学習の重要性がさらに高まっている今、令和を生きる子育て世代に向けて一部改訂し、このたび文庫化することとなりました。

「うちの子が、何も言わなくても、自分から勉強するような子になってくれたらいいのに……」

本書は、そんな願いをもつ親御さんたちのためにまとめたものです。

そんな〝魔法〟なんてあるのかと思いながら、この本を手に取ってくださっている方もいるかもしれませんね。

たしかに、何かおまじないを唱えるだけで、子どもがある日突然、変身するなんていう魔法はありません。でも、親御さんたちのその〝切なる願い〟をかなえる方法がないかといえば、そうでもないのです。

おまじないをつぶやくとすれば、それは子どもの前ではなく、実はこうしてこの本を読んでくださっているようなとき。そうです。お母さんやお父さんがひとりで、ひと息ついたときに、ちょっぴりご自身に問いかけてほしいのです。

「いままでのやり方でよかったのかな?」と。

それが、最初の〝おまじない〟です。そして本書を読みながら、ご自身にかけられる、いろんなおまじないを探していただきたいというのが、著者としての願いです。

そのためのヒントとして第1章では、親御さん方に振り返っていただくために、子どもを勉強嫌いにさせてしまう落とし穴について紹介しています。

これに対し、第2章は、なぜか子どもが勉強好きになってしまう親の習慣について。第3章は、実際に勉強ぐせをつけるために役立つ具体的な実践法。そして最後の第4章では、それまでの話も踏まえ、学習習慣を下支えする、日々の生活習慣や親子の会話習慣についてまとめています。

お読みいただきながら、「子どもの勉強ぐせはいったいなんのためにつけるのか」ということも、併せて考えていただけると、本書を著した私の心の底からの願いをみなさんと共有できるのではないかと思っています。それは「おわりに」であらためて触れたいと思いますが、まずは、肩の力を抜きながら読み進めていただけたらと思います。

高濱正伸

もくじ

メシが食える大人になるために
子どもを勉強好きに変える親の習慣

はじめに　3

第1章　気がついたら子どもが勉強嫌い　心配な親10の落とし穴

落とし穴①　「この頃、接し方がなんだかむずかしくなってきた……」　20
年齢に応じた切り替えができないと、親だけがカラまわり

落とし穴②　ついつい口にしてしまう「何度言ったらわかるの！」　24
子どもにとってそれは〝初耳〟です

落とし穴③　「この子は私がいないと何もできないんだから……」　28
〝愛の先走り〟が、なんでも人に頼る子にしてしまいます

落とし穴④　できたら「すごい！」、できなかったらションボリ　33
答えが合っているかどうかだけを気にする主義は子どもにも伝染

落とし穴⑤　「パパッとやんなさい、パパッと」　37
子どもをせかす口ぐせは「考えない子」をつくる呪文になる

落とし穴⑥ 「クラスの○○ちゃん、すごいよねぇ……」 40
まわりとの〝うっかり比較〟は子どもの心にグサリときます
落とし穴⑦ 「うちの子、算数ほんとダメなんです〜」 44
親の決めつけが、子どもの「苦手虫」を育てます
落とし穴⑧ 「ほら、ノートはきちんと書かなきゃダメでしょ」 48
親の「ちゃんと病」が、子どもに〝仮面勉強〟をさせてしまう
落とし穴⑨ 叱ったついでに、前の出来事をむしかえしてダラダラ 51
叱り方の三悪パターン「ゆるゆる」「長引き」「後引き」にご注意
落とし穴⑩ 「ほんと仕方ないなぁ……。今度だけだよ」 56
例外を許す「見逃しの罪」が、怠けぐせの始まり

第2章 子どもが勉強好きになる親の習慣 10のいいね！

いいね！① 「すご〜い、できたじゃない。さすがだね」 64
子どもをやる気にさせる親は、自信をもたせるのがうまい

いいね！② 「う〜ん、いまの言い方、ちょっと違うかな」 69
言葉のニュアンスを大切にする習慣が、子どもの国語力アップに

いいね！③ 「あれ？　これ、どういう意味だっけ？」 73
親の辞書引き習慣が、子どもの学び力の土台をガッチリつくる

いいね！④ 「ほら、見て見て！　あれ、きれいだねえ」 78
プチ感動を口にする習慣は、子どもの学力定着にも好影響

いいね！⑤ 「ほんとフワフワ。うさぎを抱いたときみたい」 83
親がたとえ上手だと、子どもの感受性も表現力も豊かになる

いいね！⑥ 「それ、ママ（パパ）にもわからないけど、すごいことを考えたね」 87
「なぜ？」を大事にする親の子は、力強い〝思考力エンジン〟をもつ

いいね！⑦ 消しゴムのカス集めをするわが子にも「すごいねぇ」 91
オタク性を温かく見守る心の余裕が、子どもの伸びしろをつくる

いいね！⑧ いつも☺☺☺、どんなときも☺☺☺ 95
親の穏やかな笑顔は子どもの心と勉強を安定させます

いいね！⑨ 「よし、真剣勝負だよ。絶対負けないからね！」 100
一緒にとことん遊びきることで、子どもの意志力がパワーアップ

いいね！⑩ 「〇〇ちゃん（子どもの名前）のおかげで助かってるよ」 104
親がお手伝いをさせるのがうまいと、子どもに工夫力がつく

第3章 子どもに勉強ぐせをつける14のとっておきルール

ルール① 「わかっちゃった体験」の気持ちよさを教えよう 114
ルール② 1日5分の「朝勉」で生活のなかに「型」をつくる 118
ルール③ 机に向かうときの姿勢が良い子は必ず成績が伸びる 123
ルール④ 漢字練習は「小分け目標」を設定してモチベーションアップ 126
ルール⑤ 毎日の「時間区切り学習」で勉強ぐせをつける 131
ルール⑥ 通信教材やドリルをためてしまうようなら、一度リセットする 134
ルール⑦ 「わかったフリ」の芽は小さいときからつぶしておく 138
ルール⑧ 答えを出すことより、考えるプロセスが大事なことを教える 142

ルール⑨ 「考える道具」としてのノートの使い方を教える 146
ルール⑩ 子どもを勉強好きにさせる「夏休み大変身作戦」 154
ルール⑪ 読書好きにするには、親が「読む姿」を見せることから 161
ルール⑫ 心の成長をうながすシンキングタイムを邪魔しない 165
ルール⑬ 男の子には、あまりキーキー言いすぎると逆効果 169
ルール⑭ 10歳になったら「外の師匠」に任せる 174

第4章 「メシが食える力」を育む生活・会話習慣 13の心がけ

心がけ① 日々の生活習慣については、口うるさいほどでいい 182
心がけ② 生活のスピードを上げると「ダラダラ病」が治る 188

心がけ③ 当たり前のことを当たり前にする心がけは、挨拶から 192
心がけ④ めいっぱいの外遊びで〈体幹＋体感〉をダブルで鍛える 196
心がけ⑤ 1日3分の「しっかり話すタイム」で、子どもの心が安定する 203
心がけ⑥ いつもの道を歩きながら「特別な時間」を楽しむ 207
心がけ⑦ 学校であったことを要領よく話す習慣をつける 210
心がけ⑧ 「だから・なぜなら会話」で論理力が鍛えられる 215
心がけ⑨ テレビドラマを観たときのつぶやきで共感力を養う 221
心がけ⑩ 「スケッチ会話」で映像化力のトレーニング 226
心がけ⑪ 相手の立場で話す「伝える力」を親子で磨き合う 231
心がけ⑫ 1行でもいいから、日記を書く習慣をつける 237
心がけ⑬ 自信と癒しの魔法で、親が輝き続ける 241

親子でちょいトレ① 国語辞典に親しむための「意味から言葉当てゲーム」 77
親子でちょいトレ② 多様な表現力を身につける「言い換えゲーム」 82
親子でちょいトレ③ 比喩力のトレーニングになる「たとえ遊び」 86
親子でちょいトレ④ 漢字練習のやる気をアップする「ミニ模擬テスト」 130
親子でちょいトレ⑤ 試行錯誤力をつける「ナンバーリンク」 145
親子でちょいトレ⑥ 精読力・集中力を鍛える「音読打率ゲーム」 164
親子でちょいトレ⑦ 「○○が△△した話」と一文で言う要約トレーニング 211
親子でちょいトレ⑧ 音読しながら映像化力を鍛える「場面思い出しクイズ」 230
親子でちょいトレ⑨ 相手視点での伝える力が試される「道順説明ゲーム」 236

おわりに 248

勉強嫌いになってしまう理由

なにこの…！
ギャー
ギャー
やめなさい！
さとるの言う通り、ちょっとはお姉ちゃんを見習ったらどうなの⁉
まったくもう！
なにさ！いっつもお姉ちゃんお姉ちゃん…！やる気なくなるんですけど！
はぁ〜っ ヤダヤダ…
わ〜…ヒガミソネミだ〜
ダサ〜い
…………‼
ギャー
ギャー
やーめーなーさーい‼
ヤメロ！
バン
ちょっとアンタたち…
シュウゥゥ…
尾谷ひかり
尾谷家の長女（小６）
成績優秀
うっさいのよ…！
普段は温厚だが
怒ると怖い
は、は〜い…

後日…

尾谷さーん どうぞ〜っ
花まる学習会 保護者面談
尾谷さん よろしく おね…

先生！ うちのあかり なんですけど！

算数がホント 苦手で「なんで こんな簡単な 計算間違えるの!?」 っていっつも 言ってるん ですけど…！

プラ プラ プラ プラ プラ プラ プラ プラ プラー
いや… あかりちゃんは 落ち着いて やれば…

でもね！ 先生！

くるっ
私も算数が 全然ダメだったん です…！

とても…

こういうのって やっぱり遺伝？ するもの なんですか？

およよ…

あの… 尾谷さん…？

泣いてんの？

ひどい！ 私が悪いって いうんですか!?

くはぁ！

ちがう！ 落ち着いて！

とにかく 先生！

キリッ
あかりを よろしく お願いしますね！

いーい？

ガビーン
落ち着いたーっ!!

あかり〜〜！
授業
終わったのね〜
いっしょに
帰りましょ〜！
げっ！
ママ！
ブロロロ…
プップー
なんで塾に
来たの？
今日は
保護者面談
だったのよ
アンタ
算数苦手
でしょ？
ふふん♪
だから先生に
なんとかしてください
ってお願いして
おいたからね！
え〜？
あかりちゃんの
ママー！
レナちゃん
あかりの
クラスメイト
レナちゃんと
レナちゃんの
ママ！
レナちゃんのママ
あかりママのママ友

塾の帰り〜？
おつかれさま〜
いやー！
うちの子、
算数が苦手で
本当ダメなのよ！
まーた
苦手って…
ムッ
あかりちゃーん♪
レナちゃんは
いいわよね〜
塾に
通わなくても
成績が
いいんだもん！
やだぁ〜♪
そんなこと…
あるわよ？
うちの子は
バカだから〜
やんなっちゃう
ほぅっ！
ザッ
ダ
レナちゃんは
頭もいいし
すっごく良い子…
それに引き換え
あたしゃバカで
ダメな子…
あかりちゃん!?
あかり
ちゃーん!!
ち〜ん…
その夜…
モゾ…
う〜ん…

算数が苦手でバカでダメな愚か者よ…!
お前を食ってやろうか…!
イヤー!!
むんずっ
ヤメテー!!
ウハ! ウハハハハ!
イヤヨ!!
バッ
ガ
ひゃあああああ!
ウハハ…
ウハハハハ…
尾谷まもる
尾谷家のパパ
悩みナシ
ZZZ…
パパ〜! 苦手魔王が〜!
ドムッ
うぼぁ!
なんか昼間きついことでも言ったんじゃないの一?
バカとか算数苦手とか…
い…言ってないわよ!
ZZZ…
たぶん…
悪い夢でも見たのかしら?
ムニャ…
苦手魔王の…?
…ということでこのときはママもパパも気づいていませんでした…
なぜあかりちゃんが勉強嫌いになったのか…

第1章

気がついたら子どもが勉強嫌い心配な親10の落とし穴

落とし穴①

「この頃、接し方がなんだかむずかしくなってきた……」

年齢に応じた切り替えができないと、親だけがカラまわり

この章でお話ししたいのは、親御さんが子どもを愛し、心配するがゆえに陥ってしまう落とし穴についてです。

最近、お子さんに対して「接し方がなんだかむずかしくなってきた」「あまり言うことを聞いてくれなくなった」と感じていませんか？　特に小学校3、4年生くらいのお子さんをもつ親御さんは、そんなふうに悩んでいる方が多いかもしれません。

なぜ接し方がむずかしいと感じたり、聞き分けが悪いと感じたりするのでしょうか。

それは、**親自身が変わるべきなのに、変わることができていない**からです。

私はよく、**子どもの成長段階には「赤い箱」と「青い箱」の時期がある**と言っています。赤い箱とは4歳から9歳までの時期。青い箱は11歳から18歳までの時期です。間の10歳の頃は移行期のグレーゾーンです。

子どもによって年齢の区切りがズレたり、女の子は男の子に比べて成長が早くなるといった事情はありますが、この区分はほとんどの子に当てはまるものです。

では、赤い箱と青い箱で、いったい何が違うのでしょうか。

赤い箱を開けてそこにいるのはオタマジャクシ、一方、青い箱の中にいるのはカエル。つまり、**姿形も行動の仕方もまったく異なる別の生き物に変貌を遂げる**のです。まさに、生物学でいうところの「変態」と同じです。

オタマジャクシは水の中でエラ呼吸。陸に上がったカエルは肺呼吸です。まったく違う生き物になっているのに、実は、**カエルとなったわが子を、水の中で抱え込むようにして育てようとしている親が実に多い**のです。

「宿題、やった？」「勉強、ちゃんとやってるの？」

こんなふうに、心配でつい言いたくなるのはわかりますが、青い箱の時期になれば、子どももやらなくちゃいけないことはとっくにわかっています。わかっているのに、小言が耳に入ってくると、やはり「ウザイ」となってしまうのです。

気分が悪いと、勉強に向かうモチベーションも上がらない。やらないとお母さん（お父さん）がうるさいからひとまずやるか……と嫌々ながら机に向かっても、心に〝イヤイヤ虫〟を抱えたままではまともに頭も働きません。

これが、女の子となると、事態はさらにややこしくなります。男の子の場合は、面倒臭がって余計な口答えをしないぶん、まだ火花が散ることもないのですが、特に母親と娘の場合は、感情むき出しのバトルになってしまいがちです。

「つい最近まで、あんなに言うことを聞いていたのに」と感じていても、それは〝子どもだまし〟が効いていただけです。**子どもだましが効くのは、せいぜい小学3年くらいまで。**高学年になれば、子どもは大人の目で親を見るようにもなります。そして、少しずつ親離れしていくのです。

離れていく子どもに追いすがるのではなく、むしろ親のほうから「子離れ宣言」をしなくてはいけません。その**切り替えができないまま親が口にする余計なひと言は、勉強嫌いの芽をどんどん育てる肥料になってしまう**のです。

落とし穴②

ついつい口にしてしまう「何度言ったらわかるの！」

子どもにとってそれは〝初耳〟です

すでにカエルになっているのに、相変わらずオタマジャクシのつもりで口を出してしまう。親がわが子の〝変態〟に気づかないのは、やはり、いつまでも子どもは可愛いままでいてほしいという思いがあるからです。

可愛いし、発達途上だし、だから手を差し伸べなくちゃいけないし、口も出さなくてはいけない……。いずれも、親としての愛情からですね。

実はその愛情がクセモノなのです。

カエルになってから問題を引き起こすだけでなく、〝いきすぎた愛情〟はオタマジャクシ時代にすでに弊害をもたらしているはずです。子どもに深い思いを寄せれば寄せるほど、心のすれ違いを生みだすことがあるのです。

「何度言ったらわかるの！」

これは教育熱心なお母さんが口にしがちな言葉です。熱心と思っていないお母さんでも、子どもが何度も同じようなまちがいをしていると、「ここはひとつなんとかしなくちゃ」と思うわけですね。でも、この言葉は大きな矛盾を抱え込んでいます。

何が矛盾かといえば、**子ども扱いしながら、言っていることは大人の感覚**だからです。「何度言えばわかるの！」は、「一度言えばわかるでしょ！」と言っているのと同じ。これは、幼児や小学校低学年の子に通用する言葉ではありません。その年頃の子は、一度や二度言われただけではわからないのが普通です。

にもかかわらず、「この間も言ったよねぇ。あんた本当にやる気あるの？」。

これでは、大人の理屈を振りかざして子どもを追い立てるようなものです。

かくして、**親子の思いがすれ違う構図**が、オタマジャクシの頃から生まれます。

お母さんが「何度言ってもやらないいんだから」とイラついているとき、子どもは「ママはなんだか知らないけど機嫌が悪い」と思っています。お母さんが「なんで言わないとやらないの！」と問い詰めれば、子どもは「ママってほんとうるさい」と嫌気がさします。お母さんが、「あ、私の言うこと聞き流してる」と思ったときには、実は子どもは「んもぉー、耳をふさぎたくなっちゃう」と我慢も限界状態……。

という具合に、親子の心の向く先は、延々と平行線のまま。

低学年の子どもは、つねに「いま」がすべてなのです。時間軸をさかのぼって考える意識は根づいていません。だから、**親が「これ言ったの、3度目だよね」などと言っても、子どもにとっては毎回初めて聞くようなもの**です。

そんなオタマジャクシの子に「何度も言わせないでよ」などと声を荒らげても、子どもは目をきょとんとさせるだけ。オタマジャクシに「陸に上がってピョンピョン跳ねなさい」と言っているようなものなのです。

オタマジャクシ時代の子どもは、やかましくて落ち着きがないものだし、反省という感覚そのものが芽生えていません。それをわきまえずに、怒りの感情をぶつけてしまってはかえって親の思いは伝わりません。

たとえ同じことでも、淡々と言い続けるしかないのです。イライラを募らせて神経をすり減らしていては、親が疲れるだけです。感情の起伏を抑えて、平坦な道をテクテク歩くような心境で、穏やかに言い続けていくしかないのです。

落とし穴③

「この子は私がいないと何もできないんだから……」

〝愛の先走り〟が、なんでも人に頼る子にしてしまいます

恋に陥ると、まわりが見えなくなってしまう。そんな恋愛現象と同じようなことが、子育ての場面でも表れます。男の子のお母さんによく見られる傾向です。

私が代表を務める「花まる学習会」には、就学前や小学校低学年のお子さんをもつお母さんが付き添いでくることがありますが、たとえば、こんなシーンを見るときがあります。

子どもが教室の席に着いたあと、お母さんがつかつかと子どもに近寄って

きて、やさしい声で「上着を脱ぎなさい」。おそらく暑苦しそうだと思ったんでしょうね。上着を脱がせて手に取り、教室の後ろに戻っていきます。

また違うお母さんは、授業が終わると、子どもに近づいてきて、子どもが差し出すカバンをさりげなく受け取ります。子どもも、それが当然のような顔をしています。

いずれも、思いやりのあるお母さんなのだと思いますが、私はちょっと心配になってしまいます。お母さんの甘やかしモードが、ビンビン伝わってくるからです。

私から言わせれば、これはお母さんの「愛の先走り」です。男の子がもう可愛くて可愛くて仕方がない。まわりの目もなんのその、です。

心しておかなくてはいけないのは、**親のやさしさが、甘えの温床になり、「考えない子」にしてしまう**ことです。

上着を脱がせたお母さんのケースでいえば、教室が少し暑そうだと思っても、子どもに考えさせればいいのです。暑いと思えば、じゃあ上着を脱ごうかと考える。脱いだ上着はどうしよう。あ、そうか、背もたれにかければいいか……。これくらいのことは、低学年の子でも考えられます。

本来、自分で考えるべきことを、考えさせなくしてしまう。これが、愛の先走りが抱える大きなリスクです。

影響は、勉強の場面でもまちがいなく現れます。

たとえば、ちょっとむずかしい問題を前にしたときに、「こんなのわかんない」と、いかにも機嫌悪そうな顔をすることがあります。私の塾でも、入ったばかりの子にときどき見られる光景です。なかには、講師にかまってもらえるまで、手も動かさずに、じっと固まったままの子もいます。

嫌な顔をすれば、ママがなんとかしてくれる。そんな**甘え体質が、考えるより先に白旗を挙げるようなことをさせてしまう**のです。少し考えれば一歩先に進めそうなときも、そこで自分の思考を止めてしまう。これでは、考える力はなかなか身につきません。結局、**「考えることは楽しい」という勉強の本質にたどり着けないまま、勉強の苦痛だけを背負っていく**ことになります。

そんな学習態度の背景にあるのが、ふだんの「やさしすぎるお母さん」なのです。思い当たるフシのあるお母さんには、あらためて考えてほしいところです。

困難に直面したとき誰かに頼ることは、勉強でも一般の社会生活でもあることです。でもそれは、自分なりに最善の努力をした先にあるべきことで、**初めから人に頼る気質のままでは、社会に出て「メシの食える大人」にはなれません。**

甘やかしの習慣のなかで育った子は、少しむずかしい課題に直面しただけで〝思考停止〟状態に。じっと固まってしまう子もいますが、不満顔を見せ、開き直る子も。

落とし穴④

できたら「すごい!」、できなかったらションボリ

答えが合っているかどうかだけを気にする主義は子どもにも伝染

計算問題なら、答えが合っているか。漢字テストなら、トメ、ハネ、ハライも含めてまちがいなく書けているか。つまり、学習したことが正しい「結果」を残しているかどうかはとても大事なことです。

でも、ときどき、お子さんにこう言っていないでしょうか。

「なんで、こんな簡単な問題、まちがえるの?」

文字で書けば、疑問文でまちがった理由を聞いている形ですが、実際はその答えを聞きたいわけではなくて、子どもを問い詰めているだけ。言葉の最

後につくマークは「?」ではなくて、「!」のほうが正しいですね。

まちがった原因はケアレスミスであることが多いのですが、**この問い詰めるような言い方が親にとって大きな落とし穴となるのは、勉強に対する子どもの意識を「○×偏重主義」にしてしまう**からです。

できたらマル、できなかったらバツ――勉強では結果は確かに大事なことなのですが、小学校の高学年、中学生となるにしたがい、結果に至る思考力が問われるようになります。さらに高校生になれば、「Xが3であることを証明しなさい」といった思考プロセスそのものが学習課題になります。

勉強として向き合うのは、答えが○か×かだけではないのです。むしろ思考プロセスを極めることこそが、学びの本質ともいえます。

子どもがそれをわかる以前に、小さい頃から、「結果」だけに目を向ける価値観を植えつけられると、ひたすら「○」を求めるようになります。正解を追い求める姿勢はいいにしても、そこに至る**プロセスをないがしろにする傾向が出てくるのが問題**です。

「先生、これ、掛け算でやるの？　それとも割り算？」

こんなふうに言う子がよくいます。掛け算か割り算かを考えることこそが大事なのに、その思考プロセスはそっちのけで、答えさえ出ればいいと考えてしまうのです。

背景には、やはり親御さんの影響があります。できたときは「すごい！」とほめはするけど、できなかったときはショボンと悲しい顔を見せてしまう。テストでは、たとえ95点を取っても、できなかった5点のほうが気になってしまうのです。

そのとき、ポロリと口から出るのが、「なんで、こんな簡単な問題、まちがえるの！」という言葉です。

子どもからすれば、95点を取るほど頑張ったのに、取れなかった5点のほうで、「頑張ってない」と言われてしまう。これでは、モチベーションが下がってしまうのも当然です。**○×偏重主義は、子どもが思考力を養う機会を奪うだけでなく、勉強に対する意欲をなえさせてしまう**ことにもなるのです。

「こんな簡単な問題まちがえて、うちの子、大丈夫かな」と本当に不安に思うなら、まちがえた理由を子どもと一緒に向き合って確かめなければなりません。それもせずに、「なに、これ！」とただ眉をしかめていては、なんの解決にもなりません。親のいやーな顔が子どもの心に残るだけです。

人生は、○か×だけじゃないことは、親御さんが一番知っていますよね。

落とし穴⑤

「パパッとやんなさい、パパッと」

子どもをせかす口ぐせは「考えない子」をつくる呪文になる

なんでも早くすませればいいと考える「パパッと親」。このタイプの親御さんも、落とし穴にはまりがちです。親の勘違いによる落とし穴なのですが、**本当に困るのは、正しい学習態度が身につかずに、「思考力の落とし穴」にはまってしまう子ども**のほうです。

塾の、ある低学年のクラスでこんな子がいました。

もともとはしっかりした思考力の持ち主でした。ただ、花まる学習会でやっている「サボテン」という計算問題は得意なのですが、思考力を要する

「なぞぺ～」のようなパズル問題になると、苦手意識をもってしまう子でした。

思考力問題をみんなで解こうとしているときに、他の子が「できた！」と手を挙げると、途端にあせり出してしまいます。あせりがひどくなると、隣の子の机をチラ見してカンニングをしてしまうこともありました。

早く正解にたどり着きたい。そんな思いは、親御さんの○×偏重主義が伝染してしまった子と似ているところがありますが、この子の場合は、**親御さんの「パパッと病」が影響している**可能性があります。

問題を解くのは、とにかく早く。勉強を終わらせるのも、とにかく早く（この場合は「勉強は嫌なもの」という考え方が透けて見えます）。そんなふうに、「とにかく早いことがいいことだ」という価値観がしみついて、「早さ」のためならカンニングしてでも、と出来心を起こさせてしまったかもしれないのです。

勉強しているときの、親のせかすような声がけは「考えるな」と言っているようなもの。「勉強は嫌なもの→だからとにかく早く終わらせたい」という思考回路になってしまいます。

もちろんカンニングは論外ですが、そこまでしなくても、「とにかく早く」という考え方は大きな危険をはらんでいます。学びのなかには、むずかしい思考力問題ひとつに時間無制限で取り組むという勉強の仕方もあります。思考力をとことん鍛えるために、それが必要なときもあるのです。

勉強でむやみやたらと「早く、早く」とせかすのは「考えるな」という呪文にもなります。せっかちな親御さんは、要注意です。

落とし穴⑥

「クラスの○○ちゃん、すごいよねぇ……」

まわりとの〝うっかり比較〟は子どもの心にグサリときます

わが子を励ますつもりで、ついクラスメイトのことをもち出してしまう。

「○○ちゃんて、すごいよねぇ。毎日2時間も勉強しているらしいよ」

親は励ますつもりでも、こういう**比較話法は、百害あって一利なし**です。

もちろん、子ども自身がライバル意識をもって自らモチベーションを高めようとするなら、なんの問題もありません。まずいのは、親がそれを口にすることです。

人間は、比較する動物です。自分のことをまわりと比べて考えるのは、人間の本性といってもいいものです。そうではあるのですが、**子育てのなかで、軽々しく比較してしまうのは、親としての配慮が足りないと言わざるをえません**。

「〇〇ちゃんはすごい」という言葉は、子どもにとっては、自分はダメと言われているのと同じです。もっと言えば「**自分は愛されていない**」という思いにさせるものです。それほど、心にグサリとくる言葉なのです。

わが子に少しでも頑張ってほしいと願う親御さんの気持ちはわかりますが、子どもが「親に愛されてない」なんて思っているとしたら、耐えられませんよね。

災いのもとになるのは、口だけではありません。**親のまなざしが、子どもを傷つけてしまうことがあるのです**。

注意しなくてはいけないのは、きょうだいのいる家庭です。

お兄ちゃん、お姉ちゃんを叱るときには、目を吊り上げて怒りをぶつけているのに、弟や妹をとがめるときには、「ほんと仕方ないんだから」と表情がゆるんでしまう。そんなふうに、**口に出さなくても、接する態度に「差」が出ることがある**のです。

親は、きょうだいにはみな平等に接していると思っていても、まなざしに「差」が出てしまいます。上の子は、それを敏感に感じ取っています。そのことに、親御さんは気づいているでしょうか。

知らず知らずのうちに出る対応の違いに傷つくのは、弟や妹の場合よりも、やはりお兄ちゃん、お姉ちゃんのほう。長年多くの家庭に接してきて、そう感じます。親はどうしても、下の子を可愛がってしまうからです。

きょうだいで叱り方に「差」が出てしまうのは、結局は、言葉でクラスメイトと比較するのと同じです。お兄ちゃんやお姉ちゃんは「○○ちゃん（弟や妹）にはあんなに甘いのに、なんでぼく（わたし）にだけきついこと言うの！」と不満を募らせ、やがて「自分はダメな子」なのかと思ってしまうのです。

くすぶった思いは、反抗的な態度になって現れたりします。親にはそれが、突然降ってわいたような反抗期のように映ります。

「下の子はけっこう頑張っているんですよ。でも、上が……。先生、どうしたらいいんでしょう。反抗期だから仕方ないんですかねぇ」

そんなふうに相談に来る親御さんがけっこういるのですが、**まなざしの違いが災いしていることに気づいている親はそう多くはありません。**

落とし穴⑦

「うちの子、算数ほんとダメなんです〜」

親の決めつけが、子どもの「苦手虫」を育てます

「ぼく、算数だ〜いキライ」「わたし、図形が苦手なの〜」

こんなふうに「嫌い」「苦手」という言葉を口にする子がときどきいます。幼児期から小学校、中学校と子どもの成長をまぢかに見ていて、**後伸びがむずかしそうだと感じる子は、決まってこの「嫌い」「苦手」の壁にぶつかっています**。

もし「嫌い」「苦手」の言葉がお子さんの口から出たら、親御さんは深刻に受けとめなくてはいけません。「嫌いだからやりたくない」「苦手だからでき

なくて当然」と、言い訳にしてしまうクセが子どもについてしまうからです。
勉強だけでなく、大人としての将来を考えたときにも、大きな問題を抱え込むことになります。仕事でも人間関係でも、嫌いなものは「合わない」と切り捨てて、結果的に自分の可能性の芽をつぶしてしまう人間になってしまいます。

本来、小学校の勉強は、普通に聞く力をもっていればわかることしか教えていません。それがいつのまにか、「嫌い」「苦手」を口にするようになる。どこかでマジックをかけられてしまうのです。

その **〝魔術師〟は誰かといえば、多くの場合は親御さん**です。

塾の入会時の面談でも、よくこんなふうに言う親御さんがいます。
「この子は、算数が苦手なんです」
「図形がからきしダメなんですよね」

「何度も何度も言っているんですが、読み直しができないんですよ」

実はその場に子どももいます。親がそんなふうに言ったら、子どもは「ぼくって図形ができない子なんだ」「わたしは読み直しができないダメな子なんだ」と思ってしまいます。

塾や学校の先生の面談のときだけでなく、ママ友との立ち話などでも、「うちの子は九九を覚えるのが遅くて」などと、やはり子どものいる前で言ったりするお母さんもいます。そんな**日常生活のさまざまな場面で親の口にするひと言ひと言が、子どもに苦手意識を刷り込んでしまうのです。**

刷り込みに追い打ちをかけるのが、先にふれた「なんでこんな簡単な問題できないの！」という問い詰め言葉です。あるいは、「算数のドリルなんか、早く終わらせてしまいなさい」とせかすような言葉です。

こんなふうに言われてしまうと、子どもの脳には、算数ができないダメな自分→そんな自分にしてしまう算数は嫌なもの→嫌なものはやりたくない→やらないとうるさいから、適当にちゃちゃっとすませればいい、という**〝逃げの思考回路〟がガチッと組み込まれてしまいます**。

「わが子の苦手」を口にする親御さんのなかには、自分自身がかつて算数を苦手にしていたという人も多くいます。その苦手意識は、親御さん自身の人生の〝負の遺産〟かもしれませんが、それをわが子に受け継がせてはいけません。

親の勝手な決めつけで、わが子の「苦手虫」を育ててはいけない。これをけっして忘れないでください。

落とし穴⑧

「ほら、ノートはきちんと書かなきゃダメでしょ」

親の「ちゃんと病」が、子どもに〝仮面勉強〟をさせてしまう

「ナニ、この汚い字ィ、もっとちゃんと書きなさい、ちゃんと」

こんなふうに言ったことのある親御さんはいませんか？　ここまで、きつい言い方をしなくても、「やっぱりノートはきちんと書かなきゃね」とソフト路線で言っている方もいるかもしれません。

口調がきつくてもソフトでも、抱える問題の根は同じです。この**「ちゃんと」「きちんと」は、親が陥りやすい落とし穴の定番**とも言えるものです。

学校の授業で先生の板書をちゃんと書き写しているか。ノートをきちんと

整理して書いているか。あるいは、作文の文字をていねいに書いているか。そんなふうに、表面的なきれいさや結果だけで学習の成果を判断してしまう姿が、「ちゃんと」「きちんと」という言葉に表れているのです。

長年たくさんの小学生を指導してきていますが、**ノートがきれいな子が必ずしもできる子とは限らない**ことを実感しています。こんなにていねいにノートをつけているのに、なぜ成績が伸びないのだろうと不思議に思う子がけっこういます。

理由をたどって行き当たるのは、**「親のために」ノートをつけている**という事態です。「ちゃんと」「きちんと」が口ぐせの親に叱られないために、ノートをきれいに書く。それは、けなげな子どもの姿といえなくもありませんが、失うものが大きいことを忘れてはいけません。

ちゃんと、きちんと書くことにばかりに神経がいって、肝心の授業の中身が頭に入っていないということがよくあるのです。そのような**本末転倒のノ**

ートづけ習慣はやがて、お母さんに叱られないために勉強しているふうを装う「仮面勉強」にもつながってしまいます。

「ちゃんと」「きちんと」の刷り込みは、勉強は本来楽しいものだという本質を見失うことにもなります。きれいさにこだわる「ちゃんと病」「きちんと病」も、絶対子どもに感染させてはいけない病のひとつと心得ておきましょう。

落とし穴⑨

叱ったついでに、前の出来事をむしかえしてダラダラ

叱り方の三悪パターン「ゆるゆる」「長引き」「後引き」にご注意

子どもの成長に応じて、言わなくてもいいひと言は控える。原則はそうであっても、目に余るほどダラダラしていたり、自分をごまかすような勉強の仕方をしたりしているときは、やはりガツンと叱らなくてはいけない場面もあります。

ただ、注意しなくてはいけないのが、その叱り方です。**叱り方で、親自身の人生を台無しにしかねない**、と思える親御さんが実はけっこういるのです。

ヘタパターン1は、叱っているのか、注意を促す程度のものなのかはっきりしない**「ゆるゆる」の叱り方**。叱るなら、「あくまで厳しく」です。普段やさしいお母さんが別人のようになって、子どもが泣いてしまうくらいでちょうどいいのです。それが叱るということです。変に子どもに気をつかって、中途半端な言い方をしたのでは、叱る意味がありません。

ヘタパターン2は、**ダラダラ長引いてしまう叱り方。叱るときは、いまそこでしてしまった過ちだけを叱るのが鉄則**です。ところが、ありがちなのが、**「過去のいもづる方式」**です。

「あのときのことだってそうでしょ！」と、昔の同じようなミスをとがめたり、はてはなんの関係もないことまで持ち出して、「だいたい、あんたはねぇ……」とくる。そうなるともう止まりません。話があちこち飛んでしまうのは、叱っているのではなく、抑えきれないイライラ感情をぶつけているだけです。

ヘタパターン3は、**後を引いてしまう叱り方**。いったん叱り終わっているはずなのに、背中がそうは言っていません。嵐が過ぎるのを待って、子どもが「お風呂入ってもいいかな」と言うと、「いいに決まってるでしょ！」。こんなふうに、**納豆のようにいつまでもネチネチされていると、それこそ子どもの心が腐ってしまいます**。

叱り方の三悪パターン「ゆるゆる」「長引き」「後引き」。これは、裏を返せば、叱るなら「**厳しく**」「**短く**」「**後引かず**」ということなのですが、それがむずかしい。実際にできる親御さんは少ないのです。

親が子を叱るというと、学校で大きな過ちを犯したとか、ダラダラした生活習慣を見かねて、というケースを想像する方もいるかもしれません。でも、叱り方三悪パターンが一番顔を出すのが、勉強を教えている場面です。

なかでも、**文章題を教えようとするときが鬼門**です。

「問題ちゃんと読んでる？　ここに書いてあるじゃん、道の両側って。なんで2倍にするぐらいのことが思いつかないの？　だから、何度も言ってるでしょ。大事なところにマルをつけながら読みなさいって。………（ダラダラ）………」

こうなると子どもは、目の前の考えるべきことも頭に入らなければ、叱るときの親のイヤ～な顔のイメージだけが心に焼きつきます。勉強嫌いの炎に油をどんどん注ぐようなものです。「ママ（パパ）大好き」の純粋な心にもヒビが入りかねません。

叱り方で、親が人生を台無しにするというのは、そう大げさなことでもないのです。

一度叱りだすと、ダラダラと続く「長引き」パターン。親の声はもはや子どもの耳にはまともに入らず、右から左へ。ただ、親のイヤ〜な顔だけが頭に焼きつきます。

落とし穴⑩

「ほんと仕方ないなぁ……。今度だけだよ」

例外を許す「見逃しの罪」が、怠けぐせの始まり

「見逃しの罪」というと、また大げさなと思う人もいるかもしれません。でも、**この「見逃し」は、「罪」というほどに子どもには大きな影響を及ぼす**ものです。

何を見逃すのかといえば、一度決めたことの例外。たとえば、家族で決めた挨拶などの習慣やお手伝い。そして、毎日やると決めたドリルの勉強など。

大人でも、毎日やると決めたことを持続するのは大変な場合があります。でも、最初はけっこう大変かもと思っていたことが、続けるうちに難なくこ

なせるようになることがあります。これも大人なら知っています。

問題は、そこにたどり着くまで。習慣化すれば、きっといいことがあるはずなのに、途中でくじけてしまう。そこで、人は挫折感を味わったり、できなかった言い訳をまわりの人や自分にしてしまいます。

子どもの教育で、**見逃しが大きな罪になると私が思うのは、勉強だけでなく、これからの長い人生で、自分に甘えを許し、可能性の芽を自分でつぶすような人間にしてしまう**リスクを抱えることになるからです。

たとえば、子どもが「今日は疲れたから、ドリルをやるのは明日でいい？」と言ったとき、「仕方ないなぁ」と簡単に例外を許すと、子どもは「疲れた」を手持ちのカードとしてもつようになります。それが二度、三度と重なり、やがて例外が例外でなくなります。そして次には、「頭が痛い」という新たなカードをもつようになります。

そのうち、子どもの怠けぐせが気になり始めた親御さんが、「そんなにやりたくないなら、やらなくていいよ。困るのは自分だからね」と少し脅すようなことを言ったとします。でも、低学年の子にそんな脅し文句は通用しません。その言葉が実感できるのは、小学校も6年生くらいになってからです。

やはり、例外は許されないという意識を、低学年のうちからしっかり植えつけておく必要があります。肩肘を張ることはありませんが、**「やると決めたことはやる。それが当たり前」といった一貫した姿勢をもち続ける**ことが大切です。ときには「ダメなものはダメ」とピシャリと言わなくてはいけないときもあるはずです。

それぐらいの覚悟をもって初めて、「習慣」というものが育まれるのです。

＊

私の経験から、親が陥りがちな「10の落とし穴」を紹介してきましたが、あらためてお伝えしたいことがあります。

どの親も、わが子を勉強嫌いにさせたくて落とし穴に陥るわけではありません。心配でたまらないという深い愛情がそうさせているのです。可愛いから、つい甘やかしてしまうし、将来の夢がふくらむから、つい余計なことも言いたくなる。

なかには、子どもにきついことを言った自分を責めてしまう親御さんもいるかもしれません。でも、大丈夫ですよ。子どもがお母さん（お父さん）を大好きであることは変わりません。たとえ不機嫌な顔をしていても、一番頼りになるのは親なのです。それだけは忘れずにいてください。

次の章では、わが子の勉強ぐせをつけるのに、「なるほど」とヒントになる話をしていくことにしましょう。

第2章

子どもが
勉強好きになる
親の習慣
10のいいね！

比べちゃいけない！ でも…

あかり！宿題なんかパパッとやっちゃいなさいよ！
ママ！パパッとって言っちゃダメだよ！
前の章でやったでしょ？ちゃんと読んでないの？
くっ…！
ママはあいかわらず…
これじゃやる気なんか出ませんよねぇ…
はーあ…
なにぃ!?
いいからやんなさい！
先週だってそうだったでしょ！
叱ったついでに前のことをむしかえさない
くぅ…！
ひっひっひぃ！
ナイスさとる！

ママもさ、ちょっとはレナちゃんのママを見習ってよねー
レナちゃんなんて一度も「勉強しなさい」って言われたことないんだってさー
うう…
うっかり比較はしない！
ワオ！
あのさ！さっきから二人ともちゃんと前の章読んでる!?
す…すみません…
じゅ…塾行ってきまーす！
タタタ－…
逃げたか…
でも一度も「勉強しなさい」って言ったことがないって本当かしら？
レナちゃん、クラスで成績トップだしなにか秘密があるのかも…？

なります。

以前のテストに比べて10点でも5点でも上がったら、「いいね！」と言ってあげましょう。たとえまだ70点でも、この調子でいけばいつか１００点を取れるかもしれない。そんなふうに自信をもたせることが大切なのです。

心理学でいう「承認欲求」は誰もがもっています。自分を認めてほしい。これでいいんだと言ってほしい。小さな子どもも例外ではありません。

花まる学習会では、授業を進行していく講師以外にも、机のまとまりごとに一人ずつ講師がつきます。その講師たちが、子どもたちを見ながらこまめに「承認」をカタチにして出し続けます。

たとえば、姿勢の良い子には「姿勢賞」、文字が上手に書けている子には「きれい賞」という具合に、どんな小さいことでも、これはいいと思った点を表彰するのです。そのひとつひとつは、子どもたちにとってかけがえのない成功体験になります。

小さな成功体験を積んでいくことによって、子どもたちは自己肯定感をもち、それが「ぼくもやれる」「わたしにもできる」という自信につながるのです。

小さなことでも、以前はできなかったことができるようになった。そんな**「変化」に着目するのが、ほめ上手の秘訣**です。子どもの学習意欲をうまく引き出す親御さんは、その目のつけどころをちゃんとわかっています。

日頃からわが子をよく見ているからこそできることですね。

ほめ上手な親御さんは、ほめポイントをみすごしません。少しでもよくなった点や、細かいところにも目配りして、ほめの材料に。子どもは「自分ならできる」と自信をつけていきます。

いいね！②

「う～ん、いまの言い方、ちょっと違うかな」

言葉のニュアンスを大切にする習慣が、子どもの国語力アップに

「今日は先生にほめられて、とても楽しかったぁ」

お子さんがこんなふうに言ってきたとき、あなたは「ン？」と違和感を抱いて、その場で子どもに言い換えさせることはできますか？

「楽しい」を、愉快な気持ちを表している言葉と考えれば、「先生にほめられて愉快だった」ということになりますから、まんざらまちがっていないようにも思えます。

でも、言葉づかいにこだわる親御さんなら、きっとこう言うはずです。

「それを言うなら、『楽しい』じゃなくて、『うれしい』じゃないの？」「うれしい」も愉快というニュアンスはあるので、似ている言葉であるのですが、やはり、「先生にほめられて、とてもうれしかった」のほうがしっくりきますね。

言葉のニュアンスは微妙です。辞書に書いてあるような定義は、専門家でもないとなかなか正確に言えるものではありません。でも私たちは、これまでの経験的な感覚から、よりしっくりくるほうを選ぼうとします。

その**感覚へのこだわりが、「言葉を大事にする」ために欠かせない重要ポイント**になります。もちろん、わからない言葉や、意味があやふやなときは、のちほどお話しするように、辞書で調べる習慣が大切です。でもその辞書引き習慣も、言葉づかいにこだわる感覚があってこそのものです。

親に「『うれしい』のほうがピタッとくるよね」と言われて、もし子どもが「『楽しい』と『うれしい』はどう違うの？」と聞いてきたら、それこそ、先の話のように、大事な〝ほめポイント〟になります。

「そういうふうに疑問にもつことって大事だよね」とまずほめてあげたうえで、たとえばこんなふうに言ってあげるといいかもしれません。

「『楽しい』って、何かをやっているときや、その場所に行ってウキウキすることかなあ。『うれしい』は、自分の望みがかなったときかなあ。ゲームや遊園地は『楽しい』でしょ。取りたかった100点を取れたときは『うれしい』だよね」

意味の違いを正確に伝えるのはむずかしいですが、まずは、親の感覚でかまわないと思います。辞書のように正確に区別しようとするより、**例をあげたほうが、子どもも使う場面を想像できて理解しやすい**はずです。

親の言葉づかいへのこだわりのあるなしは、子どもの国語力に大きな影響を与えます。**言葉への感覚を大切にする親のもとで育った子は、やはり言語感覚も敏感になり、読解力も高まり、表現力も豊かになります。**親の言葉づかいが崩れていれば、読み書きの力も確かなものにはなりません。

言葉づかいは、さまざまな経験と結びつきながら磨かれていくものですが、その経験のなかには当然、親との会話も含まれます。経験的な学習という意味では、もっとも大きな力をもっていると言っていいでしょう。

親御さんの言葉づかいへのこだわりこそが、すべての教科の根本である国語力のカギを握っているのです。

いいね！③

「あれ？　これ、どういう意味だっけ？」

親の辞書引き習慣が、子どもの学び力の土台をガッチリつくる

言葉にこだわる習慣で、もうひとつ絶対に大切なのは「辞書引き」です。**親御さんの辞書引き習慣が、子どもの学力の向上に直結している**のはまちがいありません。

花まる学習会で、かつて調べたことがあります。中学3年生を対象に、小学校の頃を思い出して、お母さんやお父さんが日頃、辞書を引いていたかどうかを尋ねたのです。結果は、**親が辞書引きをよくしていた家庭の子ほど偏差値が高い**という傾向がクッキリと表れました。

こう聞けば、誰もが「そうだろうな」と思うはずです。でも、そう思いながら、習慣化できる親御さんはそう多くはありません。なぜでしょう？辞書引き習慣がどれだけ重要な意味をもつのか、まだ十分にわかっていただけていないのかもしれません。辞書を引けばそのぶん知識が増える、だから……という程度の認識だと、面倒臭さに負けて、習慣化まではなかなかいきません。

理解があやふやな言葉に接したとき、リビングの本棚に国語辞典があれば、それを引っ張り出して目的の言葉があるページを開くまでにかかるのは、30～40秒くらいではないでしょうか。最近は、ケータイやスマートフォンでもネットの辞書サイトで簡単に調べられますね。かかる時間は似たようなものでしょう。

1分もかからない時間を、面倒に感じてしまう。あるいは、「面倒」という意識さえもたないまま、スルーしてしまうのが現実かもしれません。

でも、その**「スルー」が大問題**なのです。少し長い文章を読んでいて、理解があやふやな言葉にぶつかると、墨文字がにじんだように、理解のイメージがぼやけてしまいます。一か所で生じた〝理解のにじみ〟は読み進むごとに広がり、結局、読み終わってもモヤモヤとしたまま。スッキリとしない読後感を抱え込むことになります。

国語の長文読解では、このモヤモヤが、理解不足の決定的な要因になることがあります。理解の漏れや読み飛ばしをせずに一字一句読み切る精読力が長文読解では求められますが、**ひとつの言葉の理解不足が精読の足を引っ張る**のです。

親御さんが辞書を引く姿を見せることは、「ひとつでもわからないことがあると、なんかモヤモヤして嫌だよね」という意識を子どもに伝える作業です。

「モヤモヤしているのは嫌！」という感覚は、学習意欲を高めるうえでも、論理的な思考力を養ううえでも欠かせないものです。

いまひとつわからない点は、ちゃんと理解しておきたい。だから、自分で調べたりするし、先生に質問もする。こうだからこうなるはずと筋道を立てて考えていったときに、途中でどうも引っかかることがある。これはいったいどういうことなんだと、さらに思考を深めていく。そういう学習態度や思考習慣の根のところにあるのが「モヤモヤを残しておくのは嫌」という感覚です。

辞書引き習慣は、たんなる言葉の知識の習得だけではないのです。思わず辞書を引きたくなる思いや、その数十秒の作業のなかに、学びの本質がギュッと詰まっているのです。

親子でちょいトレ❶

国語辞典に親しむための「意味から言葉当てゲーム」

「オーストラリア先住民の狩猟具の名。『く』の字形のもので、高く投げると、空中を曲線を描きながら回転して飛んで手もとに戻って来る」――さて、これはなんでしょう?

そう、ブーメランですね。

『新明解国語辞典』(三省堂)からの引用ですが、こんなふうに、辞書に書いてある意味を問題にして、それがなんなのか当てるクイズを親子で楽しんでみましょう。

子どもを出題者にすると、最初は自分のよく知っている言葉を問題にしようとします。親御さんがそれに答えると、だんだん自分でもむずかしい言葉を選ぶようになります。それが語彙を広げる格好のトレーニングにもなります。

では、「アナログ時計の文字盤に向かった時に、一時から五時までの表示のある側」の答えは？　そう、「右」ですね。日頃、何気なく使っている言葉ですが、物事を人に伝えるにはどう言えばいいのかを考えさせる勉強にもなりますね。

いいね！④

「ほら、見て見て！あれ、きれいだねえ」

プチ感動を口にする習慣は、子どもの学力定着にも好影響

薄桃色の桜の花が、風に吹かれてハラハラと散っていくとき。陽ざしを浴びた新緑がキラキラしているとき。もみじが山一面を赤々と染め上げているのを目にしたとき。朝起きて窓を開けて、一面の銀世界が目に飛び込んできたとき……。

そんなふうに、四季折々の自然にふれたとき、私たちは大きな感動を覚えます。お子さんにも、そんな感動を味わう機会をぜひたくさんつくってあげてください。**豊かな自然は、感性を育むゆりかご**のようなものです。

感動は、旅行など特別なときだけのものではありません。ふだん学校の行き帰りで見る小さな花壇や、マンションの向こうの青空にかかった飛行機雲にも、あるいは雨の日に軒先から落ちるしずくにさえも、ちょっとした感動を覚えることがあります。

そんなとき、心に感じたことをそのまま口にできる親御さんは素敵だと思います。

日常生活にたくさんある「小さな感動」を言葉にする習慣は、子どもの感性を育みます。もって生まれた感受性を発揮する子もいないわけではありませんが、多くは、身近な大人を見ながら学習していくのです。

特に低年齢の男の子の場合、たそがれどきの空を見て一抹のさびしさを感じるなんていう感覚がなかなかもてません。そんなとき、親が「ちょっとさびしそうな空だね」とひと言つぶやくと、「あぁ、こんな風景で人はさびしいと思うのか」と学習します。

感受性とか感性、センスといわれるものは、経験を積んでいくことで磨かれ、豊かなものになっていくのです。

親がちょっとした感動を言葉にする習慣があれば、小学校低学年くらいまでの子なら、その〝プチ感動〟をまねするようになります。まねから入った習慣が、感受性の高さを育んでいきます。**まねるという「型」が本質をつくる**のです。

感受性を豊かにするだけでなく、頭脳を鍛えることにもつながります。

昔読んだ「脳」に関する本で、いまでもよく覚えている解説があります。その本では、記憶の定着するシステムについて、「結局は興味をもっているものは簡単に覚えられる」「覚えたい対象に興味をもつことが大切」と述べたあと、最後にこんなふうにしめくくっていたのです。

「**道端の花を『きれいだなあ』と感動する『童心』が大事だ**」と。

学力の定着という問題を追究していくと、子どものように感動する心に行きつくというわけです。

見た目の景色だけでなく、耳に入る音や、鼻をくすぐる匂い、肌ざわりや味わいなど、〝プチ感動〟のタネは身のまわりにたくさんあります。そのタネをお子さんと一緒に育て、大きく花開かせてください。

多様な表現力を身につける「言い換えゲーム」

心が動かされたときによく出る言葉――たとえば、「楽しい」「おもしろい」「きれい」「かわいい」といった言葉は、子どももよく使いますね。そんな言葉が別の言い方もできることを、お子さんに教えてあげましょう。

たとえば「楽しい」という言葉も、「ウキウキする」「愉快」「心がはずむ」などと言い換えることができます。お子さんと一緒に出かけたとき、「今日は『かわいい』は禁止ね」と、「かわいい」という言葉は使わずに会話をするゲームを楽しむなんていうのもいいかもしれません。一種の表現力トレーニングです。

子どもは「ほかほか」とか「ドカン」とか、擬態語や擬音語を使うのがけっこう得意ですから、「おもしろい」を「心がコロコロする」なんて独自の表現をすることもあるかもしれません。そんな言葉の多様さを親子で楽しめる雰囲気が家庭にあると、子どもの感性はどんどん磨かれていくと思います。

いいね！⑤

「ほんとフワフワ。うさぎを抱いたときみたい」

親がたとえ上手だと、子どもの感受性も表現力も豊かになる

心を動かされるものにふれたとき、「感動」を言葉にするのにも、ありきたりの言い方ではなく、何かにたとえて言うと、感動がより強く、聞く人や読む人に伝わります。

「比喩《ひゆ》（たとえ）」がもつ力ですね。

感動をよく口にする親は、何かにたとえるのもきっとうまいはずです。そんな親のもとで育った子は感受性も豊かになり、表現力が磨かれていきます。

国語の文章読解では、筆者の言いたいことを的確に理解したり、主人公の

心情をつかむうえで、他者性がなくてはなりません。相手の立場に立って、その考え方や心を推《お》しはかる他者性は、実は「たとえ力」とも深く関わっているのです。

たとえば、「これ、マシュマロみたいに柔らかいね」と言うとき、相手が「マシュマロ」のことをわかっていなければ、このたとえは意味がありません。「たとえ力」は、相手の経験や知識、センスに寄り添ってこそ成り立つものなのです。

相手に寄り添う感覚。これこそ、他者性そのものです。

そんな「たとえ力」を、ぜひお子さんにも授けてあげてください。ときどき、**お子さんの前で「これって、〇〇みたいだね」という言い方を意識して使ってみる**といいでしょう。異質なものにたとえるのがコツです。たとえば、「このワンちゃんの毛、わたあめみたいだね」という具合です。

たとえ力を身につけていくうえで大事なのは、やはり実体験です。フワフワした感触のたとえで「うさぎを抱いたときみたいだね」といった言い方は、実際にうさぎを抱いた経験がなければ思い浮かびません。

さまざまな体験が、たとえの引き出しの数になります。親子での体験は、親御さんがたとえの見本を披露するチャンスです。そんな親の見本を聞きながら、子どもは、少しずつ学んでいきます。

たとえのうまい子は頭の回転も速い。これも、私の実感です。

親子でちょいトレ❸

比喩力のトレーニングになる「たとえ遊び」

　なんでもかんでも、何かにたとえちゃう。そんな「たとえ遊び」を親子でやってみましょう。比喩力を鍛える、ちょっとしたトレーニングになります。

「たとえば、ママやパパを漢字ひと文字でたとえたら？」――そんなお題をお子さんに出したら、なんと言ってくれるでしょうか?

「美！」――こう言ってくれたら、思わず抱きしめたくなりますね(笑)。

「『涙』だね。だって、テレビドラマを見て、しょっちゅう泣いているでしょう」――こんな答えも、やっぱり○です。お母さんをよく見ている証拠です。

　人を何かにたとえるなら、野菜やくだもの、家電製品、文房具、図形などさまざまなお題が出せると思います。

　子どもが少しくらいハズした答えを言っても「あ、それ、いいね！」と、親御さんが雰囲気を盛り上げることが大切です。

いいね！⑥

「それ、ママ（パパ）にもわからないけど、すごいことを考えたね」

「なぜ？」を大事にする親の子は、力強い〝思考力エンジン〟をもつ

子どもは好奇心のかたまりです。みなさんのお子さんもそうだと思いますが、新しく目にしたことはなんでもやりたがるし、「なぜ？」「どうして？」と聞きたがります。その「なぜ？」「どうして？」が、成長するにしたがって、だんだん影を潜めるようになります。これはいったい、なぜでしょう？

早期教育で、知識詰め込み型のパターン学習をあまりやりすぎると、疑問に感じたことを深く考える思考習慣が希薄になってしまう心配はあります。

でも、もっとありがちなこととして考えられるのは、**「なぜ？　と思ってもムダ」という意識を大人がどこかで植えつけてしまう**ことです。

小学生も3、4年生くらいになると、親がギクリとするようなことを聞いてくることがあります。

「なんで、空は青いの？」「海の水はなぜしょっぱいの？」

テレビの子ども向け科学番組などでは定番のテーマですが、理科にあまり詳しくない親御さんだと、その場ではなかなか正確に答えられないのではないでしょうか。

こんなとき、「初めっから、そうなっているのよ」なんて言ってしまうと、子どもの好奇心の芽をチョキンと切ってしまうことになります。それだけではありません。**「大人のごまかし」を子どもは敏感に感じ取るのです。**

受け答えのうまい親御さんは、きっとこんなふうに言います。

「う～ん、考えてみたら不思議だよね。家に帰ったら調べてみようか」

「それ、ママ（パパ）にはむずかしくてわからないけど、でも、すごいことを考えたね」

という具合に、**子どもの「なぜ？」を学びの習慣に結びつけたり、子どもをほめたりする**のがとても上手です。

その場で答えられなくても、**子どもの思いを受け止めて、共感してあげるだけでもいい**のです。そこにほめ言葉もプラスしてあげれば、男の子なんかは、「オレってすごい？」と、もう得意満面です。たとえその場で答えられる簡単なことを聞いてきたときでも、「それ、いい質問だね！」とまずほめてあげることを忘れないでください。

もちろん、あとで一緒に調べて疑問をスッキリさせておくことも大事なことです。ただ、知識の習得もさることながら、子どもの将来を見すえたときにもっと大事なことがあります。**「疑問をもつことはとってもいいことなんだよ」としっかり伝えておく**ことです。

疑問をもつことは、学問の原点です。勉強を好きにさせるスイッチになるのが「なぜ?」「どうして?」です。思考力のエンジンを力強くずっと回し続けるのが、「なぜ?」「どうして?」なのです。

そして、子を見守る親として心にしっかり刻み込んでおかなくてはいけないのは、**疑問をもち続けることが、「メシを食う力」にも深く関わってくる**ということです。

社会人として仕事をするようになれば、さまざまな課題にぶつかります。そのとき**「なぜ?」「なぜ?」「なぜ?」と問題を掘り下げて考え、行動に移すことができるか。それがまさにメシを食う力に直結する**のです。

いいね！⑦

消しゴムのカス集めをするわが子にも「すごいねぇ」

オタク性を温かく見守る心の余裕が、子どもの伸びしろをつくる

花まる学習会のある教室に通っていた小学3年の男の子の話です。私が久しぶりにその教室に行くと、彼が言うのです。

「来週も来る？　来るなら見せたいものがあるんだけど」

「何を見せたいの？」と聞いてみましたが、彼は答えてくれません。やっぱり気になります。予定を変更して、翌週も行ってみました。そして彼が見せてくれたのは……。

なんと、お菓子の空き缶いっぱいに入れた消しゴムのカスだったのです。

「ひぇー、どうしたの、これ」

「だって、集め出したら、おもしろくなったんだもん」

いかにも誇らしげな彼の言葉に、私は拍手喝采でした。子どもならではの純粋さにふれたこともありますが、「この子は将来大物になる」と感じたからです。

消しゴムのカスを集めて喜ぶなんて、はっきり言えばオタクです。でも、そんな**オタク性が、すごい才能を花開かせることがあります**。異彩を放つ著名人のなかにも、そういう人は数多くいます。

彼は、その消しゴムのカスがぎっしり入った缶を、きっとお母さんにも見せていたに違いありません。そんな彼をお母さんが見守っていてくれたのかと思うと、うれしさがさらにこみあげてきました。お母さんにも大拍手です。

小学2年の、こんな男の子もいました。

典型的なてっちゃん。つまり鉄道オタクです。お母さんも知らない「鉄道唱歌」をおじいちゃんの前で歌い切って、大喜びさせたこともあります。

いろんな場所に行って列車の写真を撮っていましたが、彼が手にしていたのは携帯電話。デジカメを買い与えるのはまだ早すぎると、お母さんが自分の使わなくなった携帯電話をカメラ替わりに与えていたのです。

携帯電話をもらってしばらくして、彼は、ある通信教育の努力賞として本物のデジカメをもらいます。いらなくなった携帯電話をお母さんに返すときに、彼はこんなメッセージを紙に書いて渡したというのです。

「いままでかしてくれて、ありがとう。けいたいもわらってるよ」

しっかりお礼を言えたことにも感心しましたが、私がすばらしいと思ったのは「携帯が笑ってる」と書いた彼の感性です。小学2年で、このような擬人法を使った表現はなかなかできません。豊かな表現ができるのは、やはり日頃の親子の会話が豊かだからです。そして何より称賛すべきは、オタク性を温かく見守っていたお母さんです。

勉強とはまったく関係ないと思えることでも、何かひとつのことに打ち込んでいる子は、学力でも大きな伸びしろをもっているものです。**ひとつの世界で味わった充実感や達成感は、他の分野でも、「自分ならできる」という大きな自信をもたらします**。

厳密に考えれば、他の分野は他の分野。その自信に根拠があるわけではありません。でも、「根拠なき自信」こそが力になるのです。勉強の頑張りにつながるのです。

たとえ、「あるひとつの世界」が消しゴムのカス集めであっても、誇らしい世界になります。それに拍手を送れる親の心の余裕が、将来の大物をつくるのです。

いいね！8

いつも☺☺☺、どんなときも☺☺☺

親の穏やかな笑顔は子どもの心と勉強を安定させます

心の余裕があると、ふだんの親御さんの顔も自然と穏やかなものになります。穏やかなまなざし、穏やかな口調、穏やかな物腰……そんな**「穏やかオーラ」が子どもの学習環境には欠かせない**ことを、多くの家庭を見てきて実感しています。

かつて、ある学者の講演を聞いていて、「なるほど」と膝を打ったことがあります。

東大生にアンケートをとったときに、共通する点が二つあったというのです。ひとつは、「勉強しなさいと母に言われたことがない」。そしてもうひとつが、「**母がいつもニコニコしていた**」ということ。私が膝を打ったのは後者のほうです。

実際には四六時中ニコニコしていたわけではないでしょう。でも、東大生たちに「いつも」と思わせたのは、お母さんの存在がかもしだす雰囲気として、穏やかさや大らかさが家庭に満ちていたということです。先ほどの言葉でいえば「穏やかオーラ」です。その象徴が、ニコニコ顔というわけです。

私の教え子で、花まる学習会出身の女子で初めて東大の理科Ⅲ類に合格した子がいました。理Ⅲといえば、ほとんどが3年生の進路振り分けで医学部に進学する、東大のなかでも最難関のコース。

その彼女のお母さんが、「超」がつくほど「穏やか」を絵に描いたような方でした。進学についての話をしたときも、「どこにしましょうかね〜」とやけにのんびりしていたのを覚えています。それでいて、子どもの教育に関心が薄かったわけではなく、「娘がいいというところなら」といった鷹揚な姿勢で見ていたのでしょう。

そんな**親の穏やかさが、子どもにとっては、精神的に安定した学習環境をつくっていた**のではないかと思います。

心の安定は、勉強に向き合う子どもにはなくてはならないものです。ときに壁にぶつかることがあっても、親が励まし、見守ってくれているという安心感があればこそ、子どもは頑張り続けることができます。

子どもの心に安定をもたらすのは、親の心の安定そのものです。

仕事が忙しい親は、子どもとじっくり向き合う時間がなかったり勉強を見てあげることができなかったりして、「いまのまま仕事を続けていいのかな？」と不安になることもあるかもしれません。

でも、仕事は仕事です。仕事をしているからこそ、輝いていられるという人もいます。子どもに対しても、できることとできないことがあるのは当然です。**〝理想〟を追い求めすぎて、キリキリしたり、イライラするよりは、まずは「穏やかな親」でいることを心がける**こと。これが何より大切です。

あえて絵文字で書けば、**いつも☺☺☺、どんなときにも☺☺☺**です。

また、お母さん（お父さん）の「いつも☺☺☺」を支えるのは、お父さん（お母さん）のねぎらいのひと言です。お互いの心の安定には、「お互いに対する☺☺☺」が大切なことを忘れないでください。

たとえば仕事で忙しいお父さんも、ときにはお母さんへのねぎらいを。親の心が穏やかになれば、子どもの勉強にも好影響です。

いいね！⑨

「よし、真剣勝負だよ。絶対負けないからね！」

一緒にとことん遊びきることで、子どもの意志力がパワーアップ

これも私の長年の経験から実感していることですが、**何かにひたすら打ち込んだ経験を積み上げてきた子は、学力のあと伸びが期待できます。**とことんやりぬく意志力と、「自分は最後までやりきれる」という自信が体にしみついているからです。

習い事やクラブ活動などでも養われるものですが、**親御さんには、遊びを通して「やりつくす心地よさ」を子どもたちに実感させてほしい**と思います。

キャッチボールでもサッカーでも相撲でも、鬼ごっこでも怪獣ごっこでも、

息が上がるほど、とことん汗を流して遊びつくす。将棋や囲碁などボードゲーム系の遊びでも、本気になって真剣勝負する。

フィールドアスレチックに行くと、子どもたちを遊ばせておいて、自分はベンチでのんびりという親の姿を見かけることがありますが、あれはどうもいただけません。一緒に遊ぶなら、親もメチャクチャやりぬく覚悟が必要です。

ちょっとした遊びでも、本気でとことんやりぬく親の姿は、子どもたちには格好のお手本です。どんなことにも手を抜かない。**全力投球する姿をこれでもかというほど見せてあげてください**。

道路の花を見ても感動する「童心」が大事だという話を前にしましたね。まさに童心のように嬉々《きき》として面白がる。そんな**親の「やりきり」「なりきり」の姿が、子どもたちの「最後までやりぬく力」をプッシュアップする**のです。

花まる学習会のある講師が、日曜日の朝、最寄りの駅の前で見た光景をレポートで書いてくれたことがあります。

まだ、就学前らしきふたりの姉妹がこんな会話をしていました。

「ねぇ、雲の上に乗ろう」

「わたしも乗る〜」

そのやりとりを聞いていたお父さんが、ふたりの手を引っ張り始めました。

「よ〜し、いくぞー！　ふわふわわぁ〜、ふわふわわぁ〜」

雲の上に本当に乗っているかのように、ゆったりと体を動かしながら、「ふわふわわぁ〜」「ふわふわわぁ〜」。日曜の朝とはいえ、周囲には行き交う人がけっこういます。そんな人たちの目も気にせず、子どもたちと「雲の上の世界」を楽しんでいたそうです。

その講師は「母と子が遊ぶ姿も素敵だけど、父と子が本気で遊ぶ風景はもっと素敵でした」と書いていていました。

ふだん親御さんは、仕事場で本気で働いている姿を子どもたちに見せる機会がほとんどありません。でも、たとえ遊びでも「本気」は見せられます。十数分でも数十分でも、本気になっている姿は、子どもたちの心に焼きつきます。

その**やりきる姿、なりきる姿が、子どもたちの学力の向上にも不可欠な意志力や想像力（イメージ力）にもつながる**ことを、ぜひ知っておいていただけたらと思います。

いいね！⑩

「〇〇ちゃん（子どもの名前）のおかげで助かってるよ」

親がお手伝いをさせるのがうまいと、子どもに工夫力がつく

花まる学習会では、各講師が、自分が受けもつクラスの塾生の保護者と連絡帳のやりとりをしています。講師は子どもたちの様子を保護者に伝え、保護者は最近の悩み事を相談したりするコミュニケーションツールになっています。

その連絡帳でのやりとりを通じて各講師が得た気づきや改善提案などは、レポートにまとめられ、私や他のスタッフとも共有し、今後に生かすことになります。

ある講師が、小学3年の男の子のお母さんとの連絡帳のやりとりで、お手伝いが話題になったときのことを報告していました。

お母さんが連絡帳にこう書いてきたというのです。

「〇〇（男の子の名前）も自ら提案したお手伝いカードをつくって、ポイントをためています。毎日、どんなに忙しいときでもお風呂を洗ってくれるので、とても助かっています。ピカピカに磨かれた湯船に入ることができて、毎日幸せです♡」

最後にハートマーク。お母さんの幸せそうな気持ちがよく伝わってきます。

その講師は、その教え子を「3年男子とは思えないほど素直でまっすぐな少年」と書き添えていましたが、私も、いい育て方をしている家庭のイメージがすぐに思い浮かびました。**お手伝いは人を育てる**。そんなふうにも思います。

お手伝いの効用は、子どもの自立性や協調性、思いやりといった情操面から語られることが多いですが、もちろん知力や学習意欲を育むうえでも好影響をもたらします。

お風呂掃除ひとつとっても、たとえば、水のかけ方やスポンジの使い方、洗剤の量とかけるタイミングなどなど、自分なりに工夫できることがたくさんあります。その**工夫の仕方は、私が「算数脳」をつくる基礎的な力のひとつとして挙げている「試行錯誤力」と密接に関わる**ものです。

試行錯誤力とは、問題に向き合ったときに、解答にたどりつく方法をあれこれ試そうとする力のことです。最後までやりぬこうとする意志力や、対象を俯瞰《ふかん》して見るイメージ力とも密接に関わってくる力ですが、一種のチャレンジ精神と見れば、「生きる力」「メシを食う力」の根幹をなす基礎的な能力ともいえます。

お手伝いは、その試行錯誤力を養う格好の舞台になります。台所での調理の手伝いでは、よく注意したうえで刃物を使わせれば**集中力を鍛える**ことにもなります。キュウリなどの野菜を切るときには**空間認識力も働く**ことになります。

子どものお手伝いの習慣は、学力の側面支援にもなるものですが、親にとっての課題は、その習慣をどう定着させるかです。子どもとしっかり向き合っている親は、お手伝いのさせ方もうまいものです。

まず、先の男の子のお母さんのように、「とても助かっている」というメッセージをつねに送ること。これ、大事ですね。**「ありがとう」とねぎらうだけでなく、頼りにしているという思いを伝える**ことで、子どもに責任感の自覚が生まれ、ちょっぴり誇らしい気持ちにもなります。それが「続けていくモチベーション」になるのです。

その一方で、家族で話し合って「やる」と決めたお手伝いは、多少のことがあっても「当たり前のようにやる」という空気感も必要です。ちょっと微熱があったくらいではパスさせない。それくらいの姿勢でいいと思います。例外を許してしまうのは「見逃しの罪」。第1章でお話ししましたね。

お手伝いをさせるのがうまい親というのは、**助かっているという感謝の思いを伝えることと、やるのが当たり前という毅然とした姿勢を崩さないこと、この二つのツボを心得ている**方ではないかと思います。

＊

さて、第2章はここまでです。いかがでしたか。子どもの勉強嫌いを解消するには、勉強に向き合う基本姿勢や学力を支える基礎的な力を育むために、親御さんの日頃の習慣がいかに大切か、理解していただけたでしょうか。

ひとつひとつを見れば、意外と簡単なことだったり、少し意識すればできそうなこともあったのではないでしょうか。

こういう話をすると、「わかりますけど、現実はなかなか……」と言う親御さんが必ずいます。でも、その現実を変えられる一番の力をもっているのは親です。まず、できる習慣から始めてみてはどうでしょう。

無理をせず、できるところからです。大事なのは心の余裕ですからね。

第3章

子どもに
勉強ぐせをつける
14のとっておきルール

勉強ぐせがつく薬は？

「子どもが勉強好きになる親の習慣」を知ったママ…
実践あるのみ…！
ぐっ
習慣その①「いつも笑顔を絶やさない」
あかりちゃ～ん♪
ニヤァ
ギョッ
!?
ぶ…不気味なんスけど…！
なにその顔…！
くっ…！
次の手だわ…！
あたし負けない！
習慣その②「感動を口にする」
んま～♪月がキレイ♪
シャッ
雨降ってるよ？
なにやってんの？
次の手次の手…！

習慣その③「親がことばづかいにこだわる」
あかりさ〜ん
そろそろお勉強のお時間ではございませんこと〜？
ワ
……………っ！
パパ…！
ビクゥ
いや…あの…あかりなら…お風呂だよ…
あ…そう…
すまなかった！
ぐいいっ
ええっ!?
君がそんなによそよそしくなるほど
何かに思い悩んでいることに気づけないなんて…！
ひしぃ
ちがくないけどちがーう!!

ルール①

「わかっちゃった体験」の気持ちよさを教えよう

ここからは、子どもの勉強ぐせをつけるために、みなさんにぜひ知っておいていただきたいこと、やっていただきたいことを具体的にお話ししていきます。

勉強ぐせとは、することが当然という気持ちで勉強に向かう自発的な姿勢のことですが、親が期待するほど、そう簡単に身につくものではありません。勉強が好きでたまらなくて、だから自分から勉強する、なんて子はめったにいません。

遊びのように大好きというわけではないけれど、でもやらないと気がすまない。そんな意識を根づかせていくことが習慣化につながります。ことに、幼児期から低学年にかけては、「知ることが楽しい」「わかることが楽しい」という感覚を体で覚えさせることが大切になります。

学ぶ意欲の根本として、私がずっと大事にしてきたのは、子どもたちの**「わかっちゃった体験」**です。「あ、そういうことか」「できた！」という、わかる喜びを子どもたちの心にどう刻み込むか。ここにこそ、教育の原理原則があると確信して今日にいたっています。

家庭での勉強のサポートでも同じことです。わが子に勉強ぐせをつける大前提として、この「わかっちゃった体験」をたくさん積ませることを心がけてください。

思考力を要するボードゲームやパズルから始めてもいいでしょう。対戦を有利に進めるための一手がひらめいたときの快感、パズル問題が解けたときの心地よさは、まさに脳内から快感物質がほとばしる状態です。

その快感を何度も味わわせることが、もちろん勉強にも好影響をもたらします。**わかった喜びが、わかろうとする意欲につながります。**むずかしい問題に向き合ったときにも、それまでの**「わかっちゃった体験」で得た気持ちよさが、なんとか解き方を見つけてやろうという意志力を支えます。**

「わかっちゃった体験」は、誰かに教えられてわかる喜びではなく、自分でひらめいた喜び、自分で解き切った喜びです。ですから、お子さんにドリルをやらせるときも、「わかっちゃった」を引き出すサポートの仕方がポイントになります。

考えあぐねて、鉛筆を持つ手がなかなか動かないときも、**答えを教えるのではなく、子どもが自分でひらめくことができるようにヒントを出すのが基本**です。

ひとつヒントを出してもまだひらめかないようなら、次のヒントを出す。それでもダメなら次のヒント。答えが出る直前までレベルをどんどん下げてもいいので、**とにかく自分で気づかせることが大切**です。

「じゃあ、最後に残ったのは、AかBしかないよね。どっちだろう?」

「Bだ!」

「すごい、できたじゃない。やったぁー」

こんな調子です。サポートがあったにしても、子どもの心に残るのは「自分でできた」「自分で解けた」という達成感です。その**達成感が大きな自信になります。次の問題への挑戦意欲になり、明日の勉強への意欲につながるのです。**

勉強ぐせとは、別の言い方をすれば「意欲の継続」にほかなりません。

ルール②

1日5分の「朝勉」で生活のなかに「型」をつくる

「意欲の継続」というだけでは、まだ抽象的すぎるかもしれませんね。

勉強ぐせをつけるための具体的な実践の第一歩は、「型」をつくることです。1日の生活のなかで必ず勉強する時間を設ける。といっても、いきなり1時間も2時間も勉強するというのではありません。

1日10分でも5分でもかまいません。そのとき、その時間だけはとにかく勉強する。歯磨きをしたりお風呂に入ったりするのと同じように、**生活のなかに、必ず「それ」をやるというルーティンワークとして組み入れる**のです。

たとえば、朝ご飯が終わったら、学校に行く前に必ず、漢字ドリルや計算ドリルを5分間だけやる。それを、平日だけでなく、できることなら土曜日も日曜日もやる。

学校から帰ったらすぐやるとか、夕食後に必ずやるということでもいいのですが、習い事があった日などはやる時間がズレたりする可能性があります。

理想的なのは、他の用事に影響されることがほとんどない朝の時間帯です。歯磨きと同じように、毎日その時間になれば必ずやる生活習慣として「型」にしてしまうのです。**「型」をつくり上げて、その「型」が崩れると気持ち悪いという意識を定着させるのが狙い**です。

もちろん、朝の5分以外にも、宿題などほかにやらなくてはいけない課題があるときは、当然、その時間もつくらなくてはいけません。それはケースバイケースですが、**「朝5分のドリル時間」の目的は、毎日の生活のなかに、たとえ5分でも必ず勉強する時間を設ける**ことにあります。

それが最初の〝小さなクセ〟として定着したら、次には、「学校から帰ったら必ず宿題をすます」「夕食後の30分は必ず他のドリルをやる」という具合に少しずつ「型」を増やしていけばいいのです。

朝5分のドリルのように、新たな「型」をつくるタイミングは、4月の年度初めや誕生日、1月から、と節目のいい時期や記念日が最適です。

「今日から○○（子どもの名前）ちゃんは、2年生（8歳）だもんね。1年生（7歳）のときとは違う○○ちゃんに変身しようか」

こんなふうに、きっぱり言い切って始めるのがいいと思います。子どもの気持ちを確かめてから、なんて〝思いやり〟は必要ありません。**「勉強はするのが当然」という意識を植えつけていくのですから、キリリとした姿勢が欠かせません**。それが、親としての「型」だと思ってください。

「勉強ぐせをつけるのはどうしたらいいですか？」と聞かれて、私が「じゃ

学校に行く前の「朝勉」。10分でも5分でもいいので、毎日の生活のなかに「型」として組み入れる。それが定着すれば、ほかの時間帯でも新たな勉強時間の「型」をつくれます。

あ、新学年のスタートと同時に、『朝勉』を始めたらどうですか」と答えると、なかにはこんなふうに言う親御さんもいます。

「あのぉ～、4月はいろいろ忙しくて……。5月からじゃダメですか？」

これは、アウトです。**新学年のスタートは、子どもにとってはやる気満々になるタイミング**なのです。ことに低学年ほどそうです。「忙しい」と思う親御さんの気づかいもわかりますが、子どもならではのモチベーションをぜひ大事にしてあげてください。

ルール③

机に向かうときの姿勢が良い子は必ず成績が伸びる

「型」という意味では、勉強するときの姿勢も大事です。

「姿勢を正しくしなければ勉強もおろそかになる」という意識を、小さいときからしっかりと身につけさせてください。

姿勢の悪い子は勉強が長続きしません。注意力も散漫になりがちです。猫背の状態が続くと呼吸が浅くなり、体の血液循環が悪くなる。その結果、脳にいきわたる酸素が不足して頭が働かなくなる。そんなふうに指摘する専門家もいます。

一方、中学受験でも高校・大学受験でも**難関校に行くような子は、まず姿**

勢が崩れません。体幹がしっかりしているという体力的な側面もあるかもしれませんが、やはり精神的に自分を律することができている。それが、自立的な学習態度にもつながっているのではないかと思います。

小学生でよく見られるのは、机に向かっているときに頬づえをつきながら鉛筆を動かす子。右利きの子の場合は、上半身がぐにゃっと左側に傾き、うしろから見ると背骨がS字にゆがんでいるような状態です。

利き腕だけを机の上に載せて、片方の手を体の横にダラリと垂らしたりしている子もけっこういます。そういう子はたいてい、体が真正面に向いていません。机に対して、はすに構えるような状態です。

姿勢の悪い子は、体のバランスが崩れているので、本来使わなくてもいい筋肉も使ってしまう。だから、すぐ疲れるので勉強も長続きしない。気も入らない状態でやるから、勉強も嫌になってしまう。嫌々やるから姿勢も悪くなる……という悪循環です。

ただ、筋肉がまだ十分に発達していない幼児期や小学校低学年の子に、「もっとシャキッとしなさい」などと言うと、なかには、体をこわばらせ過緊張の状態になってしまう子もいます。

「**机に向かうときは、背筋を軽くのばして、手は机の上に『ハ』の字ね**」

こんな言い方でいいのではないかと思います。気がつくとまた崩れていることがありますから、「型」が身につくまで何度でも言ってあげましょう。

ルール④

漢字練習は「小分け目標」を設定してモチベーションアップ

ルール2の「朝勉」でも少しふれましたが、**漢字練習は毎日の学習に必ず取り入れたいルーティンワーク**です。

文章を読んでいるときに、わからない漢字が1字あるだけで、頭のなかでモヤモヤが生まれ、文章全体の理解がボヤけてしまいます。漢字の意味を知っていれば、その漢字が使われている言葉を初めて見たときでも、だいたい推測することができます。

漢字の習得は、国語だけでなく、すべての教科の学力の土台をつくるものです。漢字が読めない子、書けない子は、おしなべてあらゆる教科で伸び悩みます。

前に「勉強ぐせは意欲の継続にほかならない」と言いましたが、漢字練習は、「意欲の継続」という点で大きな意味があることも知っておいてください。

漢字練習は、1文字を10回、20回と書く地道な作業です。とても忍耐力がいります。実は私も漢字練習は大の苦手でしたが、続けることで、その苦手に耐える意志力が鍛えられるのです。受験勉強も後半戦になれば、必ず踏張りどころがあります。そのとき、漢字練習で鍛えられた忍耐力や、やりとげる意志力がものをいいます。

漢字練習は、やれば必ず成果が出る、非常にシンプルな学習なので、「コツコツやれば、絶対うまくいく」という意識を子どもにもたせることもできます。

つまり、**勉強全体のモチベーションアップに欠かせないのが漢字練習**なのです。

ですから、「型」として、漢字練習は何がなんでもやらせてください。**何かの事情で「やらない」例外を認めてしまう「見逃しの罪」にはくれぐれも注意**しましょう。可愛いわが子の将来がかかっています。泣こうがわめこうが必ずやらせる、くらいの毅然とした姿勢が必要です。

とはいっても、子どもの前で鬼の形相になることはありません。やさしい親のままで、どうノセながらやらせるか、ここが腕の見せ所です。

一番いいのは、目標を設定することです。

花まる学習会でも漢字検定をやっていますが、一般的には、日本漢字能力検定（漢検）があります。漢検は、小学生向けには学年ごとにレベルが設定されています。その漢検合格を目標にして頑張るのもいいでしょう。

もちろん、合格するのはそれなりに大変です。小学1年生では対象となる漢字は80字（10級）、2年生では240字（9級）、3年生では440字（8級）、4年生では642字（7級）、さらに5年生になると835字（6級）、6年生では1026字（5級）と、学年が上がるほど、習得すべき漢字はどんどん増えていきます。

一気に習得するなんてとても無理ですから、家庭での学習では、**目標を「小分け」に設定するほうが、お子さんもモチベーションが維持できる**はずです。2年生なら、1か月30字ずつマスターすることを目標にする。その1か月をさらに10日ずつにわけて、10日で10字をマスターする。

そんなふうに家庭で「小分け目標」を設定して、マスターできたら、お母さんが表彰状をつくってあげると、お子さんも喜ぶと思います。小分け目標をクリアしていって、結果的に実力がついたと思ったら漢検に挑戦すればいいのではないでしょうか。

親子でちょいトレ❹

漢字練習のやる気をアップする「ミニ模擬テスト」

漢検という大きな目標をいきなり設定しなくても、家庭で漢字練習のモチベーションアップをすることができます。

たとえば、学校のテストや漢字ドリルで間違えた漢字だけを集めて、「今週のまちがいつぶし大作戦テスト」をお母さんがつくってあげてもいいですね。まちがいを解消できた漢字の数だけポイントをつけると、お子さんのやる気もアップします。

1か月に一度、漢検の過去問から何題かピックアップして「ミニ模擬テスト」をやってみるのもいいと思います。「次はいよいよ、本気度が試される"本気テスト"だよ」などと、子どもの挑戦意欲をかきたててみましょう。「ミニ模擬テスト」でまちがえた漢字は、「まちがいつぶし大作戦テスト」でまた使えますね。

テストをもちかけるときや、採点の際にほめ言葉をかけるときは、親御さんもノリノリの雰囲気を忘れないでください。

ルール⑤

毎日の「時間区切り学習」で勉強ぐせをつける

花まる学習会には「サボテン」という計算ドリルがあります。1ページにある問題数は学年によって異なりますが、その1ページ分を日課として家庭でこなします。

1ページの課題をこなす目安は3分ですが、今日はどれくらいの時間でできたかを書き込む欄があります。それが、ひとつのポイントになっています。

「今日は2分でできた！」

「すごい！　1分30秒でできた！」

そんなふうに、「時間」を進歩の目安として子どもに実感させるのです。

計算は、スピードが大切です。そのスピード感を身につけることと、一種のゲーム感覚で楽しみながら勉強をこなす習慣を体得させるための工夫ともいえます。

目安を3分としているのは、それを制限時間とするという意味もあります。時間を区切ると、子どもも必死になって制限時間をクリアしようとします。そばで親御さんが時間を計ってあげて、クリアできたら、「やったーっ、2分10秒！　昨日より10秒早い！」と喜んであげると、子どもは「よし、明日はもっと頑張ろう」とやる気を見せるようになります。

時間を区切って勉強をやらせることは、学習習慣を定着させる方法として、非常に効果があります。3分でも5分でも、10分でも、その時間は必死になって集中する。それを繰り返すことで、集中モードに入る感覚を体に覚え込ませるのです。

と同時に、**一定時間内に自分がどれだけの課題をこなせるかを感覚的に体得することも、自立的な学習習慣を身につけるうえでは大切**です。「これくらいの計算なら、これくらいの時間でできる」「これくらいの課題なら、このペースでやれば何日間でできる」。そんなふうに、学習計画を立てる際の感覚も少しずつ身についてきます。

低学年のうちは、まだ自分で学習計画を立てるのはむずかしいですが、高学年、中学生となるにしたがって、自立的な学習習慣が欠かせなくなってきます。そのときのために、毎日の「時間区切り学習」をいまから習慣づけておくことをおすすめします。

ルール⑥

通信教材やドリルをためてしまうようなら、一度リセットする

通信教育をやっている家庭では、お子さんが教材の課題をためこんでしまうことに頭を悩ませている親も多いはずです。

「どうして、ちゃんとやらないの！」

「あなたが『やる』って言うから、始めたんでしょ」

こんなふうに、小言が増えてしまう親御さんもいるのではないでしょうか。

「やる気がないなら、もうやめちゃうよ」

と脅し気味に言う親もいます。でも、**一番まずいのは、そうは口にしながら、子どもが「嫌だ、ちゃんとやるから」と言うと、「ほんとだね？　ちゃん**

とやるんだよ」と、またダラダラと続けてしまうケースです。

気がつくと、また手つかずの教材の山。そして、また〝脅し〟をかける。その繰り返しです。親のイライラは募るし、子どもも小言にうんざりしてしまう。親のイヤ〜な顔とともに、「できなかった自分」へのイヤ〜なモヤモヤを心にためこんでしまうことになります。

通信教材をこなせない状態が続いたら、思い切ってスパッとやめてしまうのもひとつの選択だと思います。「子どもの気持ちを聞いてから」などと中途半端な思いはもたずに、親の権限でやめてしまう。子どもにとっては一種のショック療法になるし、いったん区切りをつけてリスタートするという意味でも効果があると思います。

「やれなかったこと」「できなかったこと」を子どもにネチネチと問い詰めることは、学習習慣の定着のうえではなんの効果もありません。イライラが募ったとしても、それはあくまで大人の感覚です。ことに、幼児性の強い男の子には、〝大人のグチ〟はまったく通用しません。

効果のない小言を繰り返すよりは、スパッと心を切り替えるチャンスを与える。それくらいの感覚で〝一時撤退〟もありだと思います。しばらくして子どもにやる気が芽生えたら、「今度は本気だね」と再受講をすすめればいいのではないでしょうか。

親御さんにぜひ知っておいていただきたいのは、**「できなかった課題」にあまり未練を残さない**ことです。

たとえばお子さんが、通信教材でもドリルでも時間を区切って勉強したとします。そのとき、あらかじめ決めた時間内ですべてがこなせなかったとき、どうしてもこなしきれなかった問題が気になります。

そのとき「最後までちゃんとやりなさい」と言う方が多いのではないかと思います。確かにやり切ることは大事なのですが、子どもにもう集中力がないのに、ダラダラと続けさせてもあまり学習効果はありません。

ダラダラより、スパッと区切る。今日できなかったことはできなかったこととして、明日はできるように頑張る。その日は、ドリルに空白の解答欄があったとしても、次の日に空白欄がひとつでも少なくなれば、それが進歩です。

そのように、**毎日〝新しいページ〟でリスタートするという感覚が、勉強ぐせをつけるためにはとても大切**です。

ルール⑦

「わかったフリ」の芽は小さいときからつぶしておく

この章の冒頭のルール1で「わかっちゃった体験」がとても大切であることをお話ししました。「わかっちゃった！」の積み重ねが、子どもの勉強意欲を高めます。

学習習慣の定着という意味でも大事な「わかっちゃった」なのですが、ときに**子どもが「わかっちゃった仮面」をかぶるときがあります**。わかったフリをしてしまうのです。親御さんとしては要注意です。

「こういう問題の解き方、わかった？」と聞くと、「だいたいわかった」。でも、**「だいたい」と言うときは、ほとんどわかっていないと思ってまちがいあ**

りません。「なんとなくわかった」も同じです。

なぜそんな言い方をするかといえば、「わからない」と言うのが嫌だからです。なぜ嫌がるのかといえば、実は親の日頃の接し方が大きく影響している場合が多いのです。

「なんでこれがわからないの？」

「昨日、教えたばかりでしょ」

日頃こんな言い方をしている親御さんの子ほど、わかったフリをしがちです。親に怒られるのが怖い。それも、ひとつあります。そしてもっと影響しているのは、**「わからないのはいけないことだ」という意識がしみついている**ことです。

その意識を植えつけているのは、日頃の親御さんの態度、接し方にほかなりません。

「わからないって、いったいどこがわからないの！」

こういう**問い詰め言葉は、子どもを萎縮させるだけでなく、「わからないこと＝悪」という価値観を根づかせてしまいます**。そこが、将来の人生を考えたときにも大問題なのです。わかっていないのに、わかったふうを装って、その場を切り抜けようとする。結果、知識の習得もおろそかになり、人間的な成長のチャンスを逃してしまうことにもなります。

もちろん、**小学生時代の勉強では、つまずきの大きな原因になります**。ことに算数の学習内容は、ある知識の習得を前提として次の新たな知識を習得していく積み上げ方式になっていますから、ひとつの「わかったフリ」がその後もずっと足を引っぱり、結局、わかっていない算数は大嫌いという結果を招いてしまいます。

子どもが「だいたい」「なんとなく」を口にしたときは、親御さんはこんなふうに聞いてあげるようにしましょう。

「あら、そう。じゃあ、ママにもわかるように教えてくれる？」

「今日はパパが生徒になろうかな。先生のつもりで教えてくれる？」

気楽に話せるような雰囲気で問いかけるのがコツです。小学校の低学年のレベルなら、口頭でもある程度説明できるはずです。

途中でお子さんが口ごもったりしたら、「いまのところ、ちょっとわからないから、一緒に考えてみようか」と、考え方のプロセスをていねいにたどってあげましょう。

そして、子どもが十分に理解できるようになったら、「さすがだね。わからないこともスキッとわかったじゃない」とほめてあげる。そして、**わからないことはけっして悪いことではないと何度でも言ってあげましょう**。

ルール8

答えを出すことより、考えるプロセスが大事なことを教える

「わかったフリ」と同じように、家庭学習で親御さんが注意しなくてはいけないことがあります。毎日ドリルを開いて、自分で答え合わせもし、サクサクと勉強を片づけているように見えても、実はその**「サクサク」に落とし穴**があります。

「ドリルが終わればゲームができるから」と、とにかくドリルを早く終わらせようとして、十分に理解しないまま答えを出そうとする。ときには、あてずっぽうで答えを書く。そして、答え合わせをしてみて、正解ならそれでよし、間違っていたら×印をつけてそのまんま。そんな、おざなりな勉強の仕

方がしみついてしまった子がときどきいるのです。

本来の学習習慣とは、「考える作業」の積み重ねです。計算ドリルもそうですが、漢字ドリルにしても、ひと文字ひと文字、トメ、ハネ、ハライを頭のなかで意識しながら書く。けっして、何も考えずやる機械的な作業ではありません。

算数の文章題のような思考問題になれば、考えるプロセスそのものが何よりも大事になります。ただ答えを出せればいいという意識では、すぐに壁に突き当たってしまいます。大学入試の数学の問題はほとんどが証明問題です。結果が先に出ていて、なぜそうなるのかを考えなければならないのです。

お子さんには、**単に答えが合っているかどうかではなく、その答えを導くプロセスが大事であることを折にふれ言ってあげましょう**。

なぜ、その答えが出てきたのかをお子さんに説明させるときも、「こうだから、こうなる」「だから、答えがこうなる」と順序立てて説明できるように心がけてください。

問題をまちがえたときは、考えるプロセスがいかに大事かを教える恰好の機会になります。「ここでこう考えなくてはいけないのに、こう考えてしまった」とプロセスをていねいにたどることで、正しい考え方の手順を再確認させることができます。

考えるプロセスは、高学年になるほどその重要度を増してきます。低学年の頃から、答えが出るまでの途中で考えることが勉強そのものなのだと教えてください。

親子でちょいトレ❺

試行錯誤力をつける「ナンバーリンク」

考えるプロセスを楽しむのに格好のゲームを紹介します。「ナンバーリンク」といいます。

左下にあるのが問題例です。解答者は、○の中の数字の本数だけ○から線を引いて、タテ、ヨコ、ナナメ隣の○とつなげます。ただし、線同士が交わってはいけません。

親が出題者になります。問題のつくり方は簡単です。

まず、下の「問題のつくり方❶」のように、縦3列、横3列の○を描き、それらの○を適当に線で結びます。線を交差させてはいけません。次に❷のように、○の中に、○から出ている線の数を入れます。これが正解になりますが、問題を出すときは、この線を消して左下の「問題」の状態で出題します。

お子さんがかなり難渋していそうなら、「○から出る線がぜんぶ決まっているところ(下の問題では、左上の「3」の○)から攻めるのがコツだよ」とヒントを出してもいいでしょう。問題によっては別解がある場合もあります。

問題

問題の作り方❶

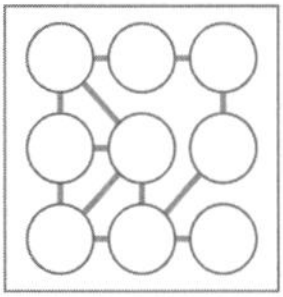

問題の作り方❷

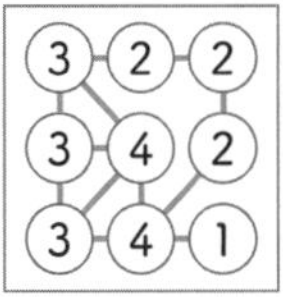

ルール⑨

「考える道具」としてのノートの使い方を教える

ノートのつけ方も、学習習慣の定着と深く関わってきます。ただ、意外なことに、学校ではあまりていねいに教えてくれません。

ノートのつけ方にも、やはり「型」があります。基本的な型としては、まず表紙の書き方から。低学年で使う既製品のノートには「こくご」「さんすう」といった教科名がすでに入っているものもありますが、そこに学年・組、名前を書くのは当然ですね。

名前をしっかり書くのは、紛失したときのためにということもありますが、何より**「ノートは自分のためのもの」という意識をもたせる**ためです。その点は低学年の頃からお子さんにしっかり伝えておいてください。

加えて、同じ教科・目的で何冊目のノートになるのか、その通し番号を入れておくのも忘れないでください。通し番号は、子どもが自分の勉強の成果を確かめる象徴的な数字にもなります。「こんなに勉強したんだ」と思えるわけですね。

ノート中面のつけ方の型としては、ノートを使うごとに、**日付、勉強内容や単元名、教科書や問題集のページの数字、問題番号などをきちんと書くこと**。「記録としてつける」というノートの役割を果たすためには当然必要になります。

このようなノートの基本の型をふまえたうえで、学年や教科、目的に応じてノートを使い分けることになります。

◆授業ノートと演習ノートのつけ方の注意点

授業ノートや演習ノートは低学年から使うことになります。

授業ノートは文字通り授業で使うノートですが、書き方に特別な決まりがあるわけではありません。ただし、注意しなければいけないポイントがあります。

授業の内容をしっかり理解しながらつけているか、この点が何よりも重要です。先生の板書を書き写しているようでも、ポツンポツンとメモ書きのようなものが残っているだけで、ノートはスカスカ状態。「え!? 先生が説明したのはたったこれだけ?」と言いたくなるようなノートは要注意です。

もっと始末が悪いのは、先生の板書を一見ていねいに写しているようで、実は頭に入っていないケースです。私は「見て写し病」と言っていますが、ただ板書をひたすら写すことだけに終始して、理解しながら書いているわけではない。要するに、手は動かしても、考えていないのです。

ノートだけを見て、この「見て写し病」を見抜くのはむずかしいですが、親がときどきノートをチェックして、「これ、ママ（パパ）にも教えてくれる？」と説明をうながしてみると、「見て写し病」になっていないかどうかがわかると思います。

演習ノートは、算数は計算問題などをこなし、国語では漢字練習などに使うノートです。漢字練習は、トメ、ハネ、ハライなど、ある程度ていねいに書く必要がありますが、**算数の演習ノートはきれいさにこだわる必要はまったくありません。多少雑に見えても、むしろスピード感のほうが大事**です。

算数の演習では、計算をまちがえたりすることもありますが、訂正するときは、消しゴムで消さずにまちがいの箇所に印を書いて、その横に正しい計算を書くようにします。**まちがいもそのまま残す**ことがポイントです。

まちがいをあえて残すのは、なぜそこでまちがったのか、自分で考え、その記憶を頭に刻み込むためです。**ノートは単に記録のためのものではなく、「考えるための道具」でもある**ことを、お子さんにしっかり伝えてください。

◆復習ノートは、学力向上に最強のノート

高学年になって、学力の向上に大きな力を発揮するのが、復習ノートです。さまざまな用途別ノートのなかでも、最強のノートといっていいものです。

復習ノートは、算数や理科など理数系の思考が求められる教科で主に使うノートです。**問題の内容**と**正解**の他に、次のふたつを書き残すのが重要ポイントです。

①問題ができなかったときは、できなかった理由

②できた・できないにかかわらず、その問題から自分は何を学んだか

①のできなかった理由は「よくわからなかったから」といった身もフタもないような書き方ではいけません。「平面図で考えるという発想が思い浮かばなかったから」と、問題を解けなかった理由を具体的に書くのがルールです。

②の学んだ教訓についても「次から頑張ろうと思った」では書く意味がありません。「図形問題は三角形で考えれば解けることを忘れない」と、公式や解法パターンなど絶対忘れてはいけないことを具体的に書かなくてはいけません。

復習ノートで、できなかった理由や教訓を書き切ることは、自分のミスや弱点を真正面から見つめ、思考を突き詰めないとできない作業です。低学年ではなかなかむずかしいですが、高学年になれば少しずつできるようになります。

小学5年生にもなれば、自分がこれまでやってきたことを振り返り、大事なことを忘れないようにしようという意識も強くもてるようになります。その**「心の成長」とちょうどいいタイミングで力を発揮するのが、復習ノート**なのです。

復習ノートでは、まちがった問題については、1週間後、1か月後と、時間を置いて何度か挑戦させましょう。できたら○、またまちがえたら×印をノートの欄外につけておく。○が三つそろったら、理解と考え方が定着したと考えていいでしょう。

中学受験をする際は、学習内容の習得の漏れや苦手をつぶしていくのに、復習ノートは必須アイテムともなります。中学受験をしない場合でも、**「わからない」や「わかったフリ」をなくしていくためには大変重要なノート**になります。

●復習ノートのフォーマット

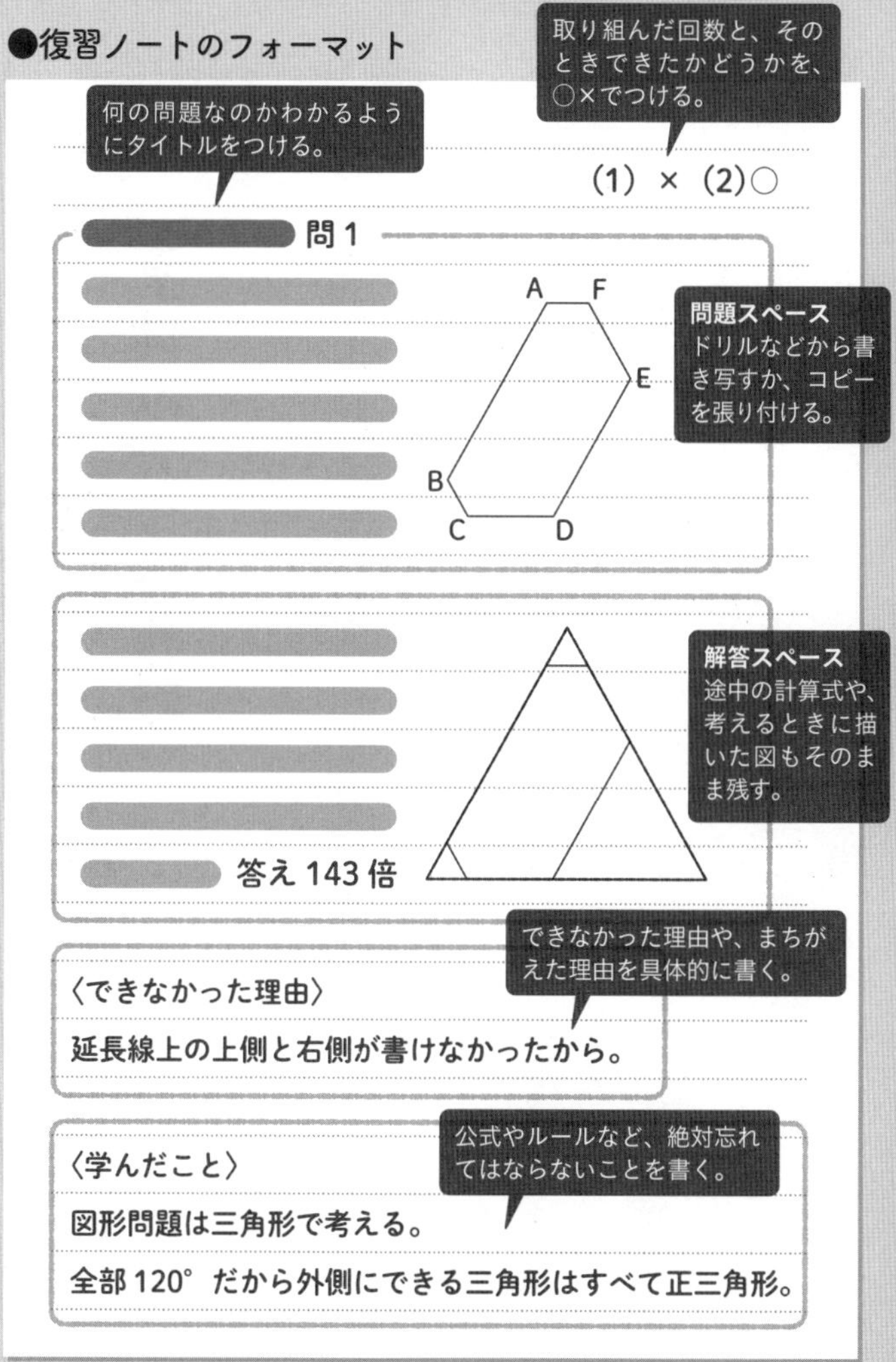
取り組んだ回数と、そのときできたかどうかを、○×でつける。
何の問題なのかわかるようにタイトルをつける。
(1) × (2)○
問1
A
F
E
B
C
D
問題スペース
ドリルなどから書き写すか、コピーを張り付ける。
解答スペース
途中の計算式や、考えるときに描いた図もそのまま残す。
答え 143 倍
できなかった理由や、まちがえた理由を具体的に書く。
〈できなかった理由〉
延長線上の上側と右側が書けなかったから。
公式やルールなど、絶対忘れてはならないことを書く。
〈学んだこと〉
図形問題は三角形で考える。
全部 120° だから外側にできる三角形はすべて正三角形。

ルール⑩

子どもを勉強好きにさせる「夏休み大変身作戦」

夏休みなどの長期休暇になると、規則正しい毎日の生活リズムが崩れてしまいがちです。そのため学習習慣もルーズなものになってしまうことがよくあります。

そうならないためには、**寝起きの生活習慣だけでなく、勉強のほうもきちっとリズムを守ることをふだん以上に意識させる**ことが大切です。**長期休暇中の勉強タイムは午前中を原則**とします。遅くとも**9時からスタート**させるようにしましょう。

毎日、計算ドリルや漢字ドリルから始めて、それが終わったら、学校の宿題や通信教育の教材をこなしたり、読書に当てたりします。合計で、1〜2年生なら1時間、3〜4年生なら2時間、5〜6年生なら3時間というのが目安です。もちろん、休憩を挟んでもOKです。

低学年や中学年は、1時間か2時間勉強したあと、午前中の時間がまだ余ると思います。その時間には、迷路やパズルなど、頭脳系のゲームや遊びに当てるといいでしょう。ご家族が一緒にいられるなら、囲碁・将棋などのボードゲームや、本書で紹介している「親子でちょいトレ」を楽しむのもいいですね。

ゲームや遊びといっても、頭脳を鍛えるという意味では立派な勉強です。ただ、ゆるゆると気楽に取り組めるので「ゆる勉」です。それに対して、ドリルや宿題、読書など先にすませるほうは「まじ勉」。夏休みや冬休みは、この**「まじ勉」と「ゆる勉」を合わせて、午前中を勉強タイムとするのが理想**です。

午後は基本的に自由時間ですが、高学年の子は、1日1問でいいので、159ページで紹介するようなじっくり頭を使う思考力問題を課題とするのもいいですね。計算ドリルや漢字ドリルが時間を区切っての勉強なら、こちらは無制限。

時間がたっぷりとある長期休暇には、ひとつのことにじっくり取り組んだり、考えること自体が楽しいと思えるような経験を積ませたいものです。

もうひとつ、夏休みにぜひ考えていただきたいのが、子どもの学習習慣にも影響を及ぼす**〝カルチャーショック〟を体験させる**ことです。

たとえば、塾などが主催する夏期講習に参加させる。中学受験生を対象としたものでなくても、各学年を対象にした、数日間から2週間程度のものまでいろいろなコースがあります。そういったところで、勉強がすごくできる子に出会ったりすると、子どもにとっては大きなカルチャーショックになります。

これまで学習習慣が定着しなかった子が、特別に受講した塾の夏期講習で「ぼくもあんなふうになりたい」と〝変身〟する姿を、これまで何度も見てきました。

同学年の子でなくても、たとえば親戚の家に遊びに行ったときに、いとこのお兄ちゃんの部屋でカルチャーショックを受けるようなケースもあります。

本棚に並んだ参考書を何気なく見ているときに、中学3年のいとこのお兄ちゃんが「今度高校受験だからさ。なかなか大変だけどね」なんて言うと、その姿が妙に大人びて見えて、一種の憧れの対象にふれたような思いになります。

せっかくの夏休みですから、家族や、いつもの友達だけでなく、**新しい同年代の子どもたちや年上の親戚などに出会う機会をぜひつくってあげてください。**

いつもと少し違う学習スタイルや、新たな人との出会いは、お子さんにとっては知識・関心の扉をさらに大きく開くきっかけになるはずです。

問題

短針がわからない

長針と短針が見た目では見分けがつかない時計が止まってしまいました。どこが上か下かもわからないし、数字も消えてしまっています。止まったのは何時何分でしょうか。

『考える力がつく算数脳パズル　鉄腕なぞぺ～』（草思社）より

答え 8時24分

場合分けで考える問題です。

まず、上のほうの針が短針だった場合を考えます。

短針は太い目盛りから次の太い目盛りまで1時間で進むから、それを5分割する細い目盛りは、ひと目盛り当たり、60÷5＝12分。

上の針は、太い目盛りから4番目の目盛りを指しているので、太い目盛りを指していたちょうどの時間から、12×4＝48分経っていることになる。しかし、長針となる下のほうの針は、下ひとケタが2分か7分の状態。つまり、上のほうの針は短針ではないということになります。

下のほうの針が短針であれば、いま太い目盛りから2つ目の細い目盛りで止まっているので、先の考え方で、12×2＝24分の状態であることがわかります。

そこで、長針となる上のほうの針が24分を指しているかどうかをチェックしてみると、下図の矢印の太い目盛りが12の目盛りだとすれば、24分になっていることがわかります。つまり、現在の時間は8時24分ということになります。

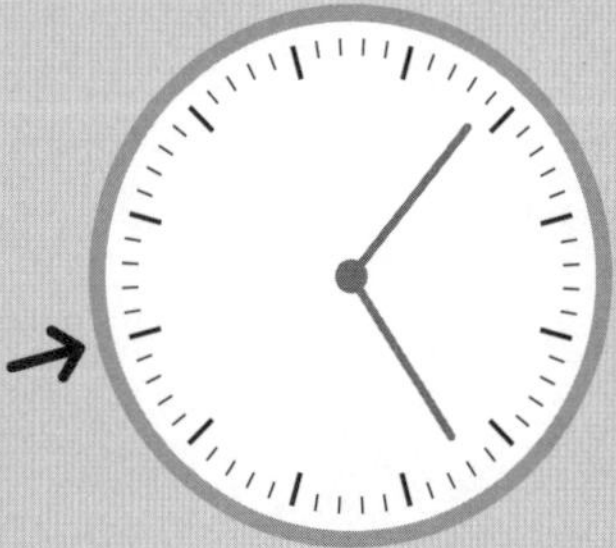

ルール⑪

読書好きにするには、親が「読む姿」を見せることから

多くの親御さんは、「わが子が読書好きになってくれたら」と願うものです。幼児期の頃から、読み聞かせをよくしてあげた家庭では、子どもも自然と本好きになるケースが多いようです。漫画にもテーマ性や物語の展開など優れた作品がたくさんあります。そんな良品な漫画作品に親しむのも悪くありません。

ただ、そもそも、親御さん自身が本を読む姿を子どもの前で見せていないと、子どもも本からは遠ざかってしまうのが一般的です。

親御さんもときどき本を読むことがあれば、どんな本であっても、読む姿

をお子さんの前で意識的に見せてあげましょう。静かな部屋で、本の世界に入り込んで、話しかけるのも気が引けるような、そんな雰囲気を子どもに感じさせてほしいのです。

やはり、子は親の背中を見て育つ、です。花まる学習会に、教え方がうまく、塾生一人ひとりへの目配りもきく優秀な講師がいましたが、彼女もやはり読書好きの父母のもとで育っています。2週間に一度、近くの公立図書館に行って、お父さんとお母さんが10冊ずつ借り、そして彼女を含めたきょうだい3人も10冊ずつ。合計50冊の本を、「本袋」をパンパンにさせて持ち帰ったそうです。

家族そろって読書好き。そんな家庭がたしかに理想なのですが、一点だけあえてお伝えしておきたいことがあります。

子どもを読書好きにさせたいからといって、強引に押しつけるようにして

読ませるのはやめましょう。 親の強制がかえって逆効果になって、子どもの本嫌いがさらに強まってしまうことがよくあるからです。

読書好きなら国語も得意と思っている方は多いですが、実は、本はたくさん読んでいても文章題は苦手という子がけっこういるのです。文章題で求められる、一字一句を正確に読み切る精読力と、読書をしているときの読み方（次ページの「親子でちょいトレ⑥」の解説参照）はまったく違うものだからです。

読書習慣は、本人の興味・関心が大前提であることを忘れないようにしましょう。

親子でちょいトレ❻

精読力・集中力を鍛える「音読打率ゲーム」

小説などを読むときの読書スタイルを私は「漫読」といっています。精読と比べて、かなり漫然と読んでいるからです。言葉を噛《か》みしめるというより、ストーリーを楽しむのが優先です。それに対して、精読は一字一句読み漏らさない気合いと高い集中力が必要です。その精読力が「音読打率ゲーム」で鍛えられます。

お子さんが、教科書の作品を50行ほどを目安に読み、親御さんは、途中でつかえたり読みまちがえたりした箇所をチェックします。物語文、評論文どちらでもOKですが、トライは1日1回。"真剣勝負"感覚でチャレンジさせます。同じ作品で何度も試みて、ミスの数を表組みにするとゲーム感覚が高まります。

親御さんも実際にやってみるとわかりますが、ひとつのミスもなく読み切るのは至難のワザです。50行ほどの文章で、ミスが5回以下になったら、中学・高校受験で上位校を狙える精読力がついていると考えてもいいくらいです。

ルール⑫

心の成長をうながす シンキングタイムを邪魔しない

国語の文章読解や算数の文章題など、感性や思考力が求められる問題に子どもが取り組んでいるときに、しばらくして、そばで勉強につき合っている親が「ちゃんと考えてる？　答えはこうでしょ」などと、口が滑ってしまうことがあります。

子どもに気づかせようという配慮よりも、なかなか手が動かない子どもにイライラして、つい答えが口をついてしまうのです。

こういう教え方では、教育効果はあまり期待できません。**答えが合っているかどうかだけを気にする「考えない子」にしてしまう危険**のほうが心配です。

子どもの問題を解く手が止まったときでも、子どもなりに考えている場合があります。ただ、どこかで考え方の道筋がまちがっている可能性があります。その「考え方の混乱」を解きほぐしてあげるのが、本来の学習指導であり、子どもの理解を深めるツールが復習ノートというわけです。

でも先走ってしまう親は、子どもの手が何も動いていないと、つい口を差し挟んで、子どもの思考にストップをかけてしまうことがあります。**子どもの「シンキングタイム」が台無しになってしまう**のです。

口を添えるタイミングや、気づきを得させるための導き方はプロでもむずかしいものですが、親御さんにはもう少し**我慢して見守る余裕をもってほしい**と思います。

勉強のときだけでなく、日頃のさまざまな生活シーンでも、余計な小言が多くなりすぎて、子どもの「考える時間」や「考える場面」の邪魔をしてしまうことがときどきあります。第1章でふれた叱り方の三悪——「ゆるゆる」「長引き」「後引き」も実はそんな弊害をもたらすものです。

叱るというのは、子どもへの中途半端な気遣いを見せたり、感情のおもむくままに親のイライラをぶつけたりするものではありません。言うべきことを伝え、子どもに考えさせるのが本来の目的です。**叱り方の三悪は、子どもに考えさせる機会を奪う叱り方**ともいえるのです。

また、子どもが学校で何か失敗して、不機嫌そうに家に帰ってきたときなども、親はどうしても気になります。

「どうしたの？　何かあったの？」

こう聞きたくなるのは親心にほかなりません。でも、思春期を迎えるような年頃になると、親には言いたくない「自分の世界」を子どもはもつようになります。**「自分の世界」とは「自分なりに考えている世界」**です。

自分の弱さや嫌なところとも向き合い、**自分なりに答えを出そうとしているときは、お母さんやお父さんにも口を差し挟まれたくない**。子どもはすでに、そういう「大人への階段」を登り始めているのです。

答えはすぐ出ないかもしれないけれど、子どもは、子どもなりに、自分のそれまでの経験や知識を総動員して、自力で答えを出そうとあれこれ悩み、考える。そのシンキングタイムは、人としての心の成長をうながす場ともなります。

子どもが話したくなさそうな顔をしているなら、しばらく見守るのもひとつの選択です。そのとき「ママ（パパ）はいつでも聞くよ」と言ってあげると、子どもはほっとします。

〝見守っているサイン〟を送ることで、子どもは安心して考え続けることができます。

ルール⑬

男の子には、あまりキーキー言いすぎると逆効果

学習習慣の定着のためにも、手も口も出さずにじっと見守らなければならないときがある。こう言うと逆説的に聞こえる方もいるかもしれませんが、特に男の子をもつお母さんには、ぜひ心しておいていただきたいことがあります。

少し乱暴な言い方をしますが、**あまりキーキー言わない**ことです。

「だから言ったでしょ。なんで、もっと早くやっておかないの」

実は、私もいまだに妻からこんなことを言われます。やるべきことにギリギリまでなかなか手がつかない。私自身、そんな男子の特徴を背負うひとり

なのです。

もちろん男の子に限らず、女の子にも言えることですが、私の経験上、男の子をもつお母さんからこうした悩みを聞くことが多いです。

「男の子って、ほんとわからない」

お母さん方はよくそう言いますが、わかろうとしても、やはり無理があるのです。異性であるということは、まったく別な生き物だということです。まして、幼児性が残る低学年は、大人の感性や理屈は通用しない。二重の意味で「別世界」なのです。

やかましい。落ち着きがない。片づけができない。

これらは、低学年男子の典型的な特徴ですが、これを無理に直そうとするのは、オスの大事なツノを取ってしまうようなものです。もともと、そういう動物なのです。

いちいちキーキーと腹を立てても、効果が望めないどころか、お母さんの

ストレスがたまるだけです。もう少し、ご自身をいたわったほうがいいと思います。

「ちゃんと聞いてるの！　さっき言ったでしょ」

これも、男の子にはなかなか通じない言い方です。そもそも、耳の奥に届いていていません。**心ここにあらず、が男子の特徴**なのです。**男の子には「いま」がすべて。その「いま」が次々に変わる**のです。

目の前に虫が飛んで来れば、そっちを追いかけるし、向こうにいる友達を見つければ、勇んで駆けていく。次から次に、関心の対象が変わっていくので、お母さんが「いま」と思っても、男の子にとってはもう「過去」の話。お母さんが「さっき」と言っても、「さっき」がいったいどこにあるのか上の空というわけです。

お母さんにとってはつかみどころのない男子ですが、そういう**男子ならで**

はの特性が、良い面として表れれば、学力面でもがぜん力を発揮することがあります。

関心が次々に移るという特徴も、注意散漫が目に余るときもありますが、一方で、関心をもつ目の前の物事に対して非常に高い集中力が発揮されることもあるのです。

「過集中」という言葉を聞いたことのある方も多いと思いますが、ひとつのことに過度に集中した状態になって、まわりへの注意が行き届かない。男の子に多いのですが、テレビやゲームに夢中になっていると、そばでお母さんが「そろそろ時間よ」などと言っても、まったく耳に入らない。

こういう過集中の子が、好きな教科ができたり、ひとつの教科のなかでも高い関心のあるテーマができると、一気に勉強に集中しだすときがあります。その興味・関心の扉を開けて導いてあげるのが、私たちや親御さんの役目です。

要するに、**マイナスに見える特徴の裏側には必ずプラスの特徴がある**のです。

マイナスに見えることに気を取られて、あまりキーキー言いすぎると、プラスの芽も摘み取ってしまいかねないことを、親御さんは心にとめておくべきかと思います。

ルール⑭

10歳になったら「外の師匠」に任せる

男子・女子にかかわらず、高学年になると、親のちょっとしたひと言にも口答えをするようになります。

年齢でいうとだいたい10歳頃ですが、ちょうどオタマジャクシがカエルに変貌する時期になったら、親御さんは、もうひとつ別な観点から、子どもを見守っていくことが必要になります。

子どもとは少し距離を置き、「外の師匠」の力を借りるという発想です。

クラブ活動をしているのであれば、そのコーチや監督、顧問の先生にわが子を鍛えてもらうのです。親には「うるさいなぁ」などと口答えしていても、サッカーチームのコーチの前では、叱られたときにも、背筋をピンと伸ばして「はい、ありがとうございます！」と素直に頭を下げたりします。

思春期にさしかかる年齢になると、子どもは自然に、親以外の尊敬できる人や、信頼できる人を求めるようになります。

スポーツでも武道でも、あるいは音楽や習字などの習い事でもいいと思いますが、教えてくださる指導者が経験豊かで、一本筋の通った方であるのが理想です。そういう方は、挨拶や生活態度にも厳しいものです。ときには、人としての道を説いてくれることもあるかもしれません。

勉強で怠け病が出てきたり、生活面がだらしなくなってきていることを、たまたま親御さんとの話で耳にすれば、それについてもたしなめてくれる。そういう「外の師匠」がいると親御さんも安心できます。

私も、親御さんからは勉強のことだけでなく、生活態度についてもよく相談を受けることがあります。

「最近、家でどうもだらしなくて。わたしが言ってもダメなんです」

そんな話を聞くと、「外の師匠」としての出番です。後日、親御さんから相談を受けた子を見つけ、じっとにらみをきかして怖そうな声で言うのです。

「君、最近、家でだらしないだろう。目を見ればわかるよ。違うか」

「いえ、そんな……」

「ウソついても、ダメだ。正直に言ってごらん」

「……は、はい。気をつけます」

とまぁ、効果てきめんです。

勉強面でも、高学年になると学習内容もむずかしくなり、塾の先生など「外の師匠」に任せたほうが安心というケースが出てきます。学習習慣にしても生活習慣にしても、子どもへの関与を少しずつ減らしていくのが、この時期です。

それは、子どもの自立性を、意識的に育んでいく時期の訪れでもあるのです。

＊

ここまでお話ししてきた、子どもに勉強ぐせをつける14のとっておきルール。具体的な学習法から、親としての見守りの姿勢まで多岐にわたりましたが、いずれも、子どもの学習習慣の定着のために、家庭でもつべき「型」として欠かせないものです。

今日からでもできることは、ぜひ実践してみてください。3か月後、半年後には、きっと変貌をとげたお子さんを目にすることができるのではないかと思います。

第4章

「メシが食える力」を育む生活・会話習慣13の心がけ

勉強で頑張る前に
あかりー！！起きなさーい！
カンカン
朝勉の時間よーっ！
毎日朝勉
ZZZ…
むにゃ…
ピピピッ
勉
よし！次は朝ごはん！
いってみよーっ！
うんうん順調ね！
もぐもぐ
やれやれ…
いってらっしゃい！
いってきまーす！
さてと…
ズッ
ゴト…
明日の予定
理科5分
算数5分
国語5分
社会5分
勉強はゲーム感覚でやらないとね！

さとる！回して！
ふぁ～
ってアレ？アンタ学校は？
今日は日曜だし…
むにゃ…
…やばい！
ハラリ…
毎日朝勉
ママーっ!! 今日、学校休みじゃん!!
バン
ご…ごめ～ん…
ソロ…
親御さんが張り切りすぎてもカラまわりするだけです
勉強も大事ですけど、毎日の生活習慣や親子の会話習慣を見直さないといけませんね
誰…？
高濱先生よ！

心がけ①

日々の生活習慣については、口うるさいほどでいい

毎日コツコツと勉強を積み重ねる学習習慣は、日々の暮らしのなかで培われる他の生活習慣とも密接に関わっています。学習習慣の定着は、勉強以外のさまざまな場面で求められる自立的な生活態度に支えられていると言っていいでしょう。

勉強を好きになるのも、勉強ぐせがつくのも、日頃の生活習慣・生活態度をしっかり見直してこそ本物になるのだと思います。それは、将来、子どもが「メシが食える大人」になるための「生きる力」を学ぶことでもあるのです。

最後の章では、学習習慣を支える生活習慣のあり方、親子のコミュニケーションのあり方についてお話ししていくことにします。

これまで何度か、親はあまり口うるさくしないほうがいいと言ってきました。ここであらためて補足しておきますが、それはあくまで、勉強面や思考力の育みという観点からの話です。

生活態度や生活習慣に関しては、むしろ口うるさいほうがいい。それは、生きる力、「メシが食える力」に直結するからです。

日頃の生活態度や生活習慣は、家庭から一歩外に出ると、すぐに顔を出します。そして、ちょっとした場面のしぐさや行動から、家庭での子どもの姿や親御さんのしつけの仕方が透けて見えてきます。

花まる学習会では、毎年夏休みに、子どもたちが親もとを離れて海や川のある大自然のなかで集団生活を送る「サマースクール」を実施しています。

食事時になると、異年齢の子どもを組み合わせた各班に、順番で配膳係を担当させるのですが、そのときの姿にも、日頃の家庭での様子が垣間見えます。低学年の子や初めて参加した子のなかには、よくこんな姿が見受けられます。

- **プレートを受け取るときに半身になって受け取ったり、片手で受け取ったりする。**
- **おつゆの載ったプレートを持ち運ぶ係が「おつゆが通るよ」と言っても気づかない。**
- **テーブルのプレートに、おつゆやおかずの入った器が次々に置かれていくときに、最後のごはんの器を置くべきスペースができていない子がいる。**
- **箸を落としてしまう子がいる。**

・係が配膳したときに「ありがとう」が口から出ない。

一方、何度か参加している子や、初めてでも家庭でちゃんとしつけられているなと感じる子は、違った姿を見せます。

・プレートは、渡してくれる人のほうにまっすぐ向いて両手で受け取る。
・係が「おつゆが通るよ」と言うと、それを自分も繰り返して付近にいる友達に伝えようとする。
・プレートに置くいくつかの器を、あらかじめ考えて位置決めをしておく。
・箸の置く位置や向きが正しい。落としたりもしない。
・配膳係として配るときは「はい」と声がけをして、受け取る立場にいるときは「ありがとう」とはっきりした声で言える。

こんなふうに、配膳のときの姿ひとつとっても、さまざまな「違い」が出るのです。

プレートの受け取り方の違いには、日常生活での所作がひとつひとつていねいになるようしつけられているかどうかが表れています。おつゆの声がけへの対応の違いは、まわりへの気配りがしつけられているかどうか。器や箸の置き方や扱いの違いは、マナーのしつけと同時に、まわりを意識するよう教育されているかどうかです。「はい」や「ありがとう」が口から出るかどうかは、相手への思いやりや挨拶習慣がしっかり根づいているかどうかです。

配膳のときの光景は、時間にすれば10分程度。でも、そのときの子どもたちの対応の仕方は、大人になったときに必要な仕事の姿勢や人づき合いの基本にすべて深く関わってくることです。「メシが食える大人」には欠かせない原理原則です。

だから、家庭でも「口うるさい」ほどでいいのです。**日頃の生活習慣のしつけ・規律については、幼児期・低学年の時期の「口うるささ」がその後を決定づけます。**

子どもの自立性の前に、まず規律性。その「型」ができてこそ、学習習慣に必要な「型」もしっかり身についてきます。食事のときのマナーでもお手伝いでも、家族で話し合って、一度こうと決めたことはきちっと守らせる姿勢がとても大切になります。

もちろん、注意するときは感情的にはならずに、あくまで淡々とです。

心がけ②

生活のスピードを上げると「ダラダラ病」が治る

勉強で「早く早く」とせかすのはよくないと、前にお話ししました。これも、生活習慣となると話が違ってきます。

たとえば、朝寝坊で、いつまでもダラダラとして布団から離れられない子には、「早く起きなさい」と口うるさく言わなくてはいけません。布団をパッとひっぺ返してでも叩き起こしてください。

朝寝坊ぐせが抜けないまま社会人になって、「朝寝坊で遅刻」なんてことをしでかせば、評価はガタ落ち。時と場合によっては、職業人として致命傷になりかねません。

それこそ、メシの食いっぱぐれです。

日々の生活の行動には、スピード感やテキパキ感が大切です。頭をフル回転させながら、ひとつひとつの所作を手早く進める。次のことを考えながら、段取りよくテキパキと片づけていく。算数の演習課題をこなすのと同じです。

小学3年をすぎる頃になると、宿題が少しずつ増えてきます。それと同時に、頭をもたげてくるのが怠け病です。

「あぁ、今日はもう疲れたから、ドリルをパスしたい」

そんな怠けぐせは、生活全般にも表れます。やるべきことを怠《おこた》るだけでなく、やっと行動を起こしたと思っても、そのひとつひとつがもっさりもっさり。**イヤイヤ虫が心に巣食う「ダラダラ病」**です。

ダラダラ病に侵されると、治すのにはかなり苦労します。朝、何度言っても起きないときは、あえてほったらかしにして、「遅刻」というみじめな思いを味わわせるといった〝荒療治〟が必要になるときもあるかもしれません。

でも、やはりそうなってしまう前に、**親が何度も口を酸っぱくして言い続けることが何よりも大切**です。


日頃の生活のなかでの処方箋としては、**スピードをつけて歩かせる習慣がおすすめ**です。最初は、親が先にスタスタと歩いて、子どもに「待ってよ」と言わせるくらいでちょうどいいでしょう。速く歩くリズムをまず体に覚えさせ、他の行動、振る舞いにもそのスピード感を意識させるのです。

ただし、生活のスピード感やテキパキ感を植えつけるときに、注意していただきたい点がひとつあります。

たとえば、子どもがダラダラしてなかなか起きてこないとき。

「何度言わせるの！　だから勉強もいつもダラダラしてるのよ！」

これだけはやめてください。「叱り方三悪」のところでもふれた〝過去のい

もづる方式〟と同じパターンです。本筋からはずれて、まったく別問題をもちだす。親には根は同じように思えても、子どもにとっては「え、なんで朝から勉強のことで怒られなきゃいけないの？」というワケノワカラナイ話です。

生活習慣が学習習慣とも密接に関わっていることは確かですが、子どもがそれを実感できるのは、もう少し成長してからの話です。

大人の目で見守りつつも、大人の論理をやたらと振りかざしてはいけない。親御さんが心に余裕をもっていれば、その区別もきっとできるのではないかと思います。

心がけ③

当たり前のことを当たり前にする心がけは、挨拶から

挨拶の大切さは、いまさら言うまでもないかもしれません。でも、あえてここでみなさんにお伝えしたいと思ったのは、社会人になっても満足な挨拶ができていない若者がけっこういるからです。

彼らも、緊張する場面、たとえば就活の面接などでは、「○○大学の○○○○です。よろしくお願いします」と礼儀正しく挨拶していたでしょう。でも、入社してしばらくすると「素」が出てしまうのです。

満足な挨拶ができない人は、言葉がほとんど聞き取れない「**ぼそぼそ挨拶**」。相手の顔をしっかり見ない「**よそ見挨拶**」。いかにも気恥ずかしそうな

「もじもじ挨拶」。こんな挨拶の仕方が日常になっているはずです。

就活のときは、マニュアル本に「明るくハキハキと」などと書いてあるから、それなりに実践する。でも、その関門を無事にくぐれれば、また元の「ぼそぼそ」「よそ見」「もじもじ」に戻ってしまうわけです。

要するに、本来のあるべき挨拶の仕方が体にしみついていないということです。そして、その根をたどれば小さい頃の生活習慣に行き着くのです。

挨拶は、いくつになっても、当たり前のやり方で当たり前のようにする。その「当たり前」を定着させるのは、やはり家庭でのしつけではないでしょうか。

挨拶の基本は、まず「ハキハキとした大きな声を出すこと」と「相手の顔をしっかり見て言うこと」。この2点だけは、最低限の「型」として守らせたいですね。さらに、目上の人や大事な場面では、歩きながらではなく**「きち**

ん と立ち止まって挨拶すること」も基本になってくるでしょう。

それと、そもそも挨拶はいったいなんのためにするのか、子どもにしっかり伝えておきたいですね。わかりやすく、こんなふうに言ったらどうでしょう。

「初めて会う人と仲良くしたいときに、いきなり『仲良くしよう!』じゃ相手もビックリするよね。でも、最初に『こんにちは』と言うと、相手も聞いてくれそうな気がしない?」

「挨拶というのは、こっちの心が開いていることを相手に教える合図。その合図を送ると相手も心を開いてくれる。つまり、挨拶って『心の開通式』なんだよね」

心をつなぐ通路がつくれるから、思いが伝えやすくなったり、相手の思いを受け入れやすくなる。結果、コミュニケーションがより深く、緊密になるわけです。社会人の場合は、いい挨拶ができる人には、上司の受けもよくなるし、仕事のチャンスも増える。これはまちがいありません。

家庭では、もともと親子関係という太い絆があるわけですから、「いまさら心の開通式なんて」と思うかもしれません。でも、挨拶がしっかりできていない家庭では、やがて親子のコミュニケーションも細々としたものになります。まして、一歩家の外に出れば、本人が人間関係で損をするのは目に見えています。

当たり前のことを当たり前のようにする。その基本精神は、宿題や日課のドリルを当たり前のようにコツコツやる姿勢となんら変わりません。

心がけ④

めいっぱいの外遊びで〈体幹＋体感〉をダブルで鍛える

日頃の生活習慣を見直すうえでは、「外遊び」の大切さもぜひ忘れないでください。

規律ある生活態度を養うだけでなく、学力の向上のうえでも、小さい頃の「外遊び」は大きな意味があることを私は確信してきました。

先ほどふれたサマースクールや、冬休みの雪国スクールなど、私が野外体験を塾運営のなかの重要な柱としてきたのは、その強い思いがあったからにほかなりません。

第2章の「子どもが勉強好きになる親の習慣　10のいいね！」で、「やりきる経験」が勉強でも最後までやりぬく力を養うという話をしましたね。

そのやりつくす経験のなかでも、**外遊びはさまざまな基礎的な力の土台をつくる**ものです。

外遊びは言うまでもなく、体力が養われます。

人間の体の軸を支える背筋や腹筋、足の筋肉などを総称して「体幹」といいますが、その**体幹が外遊びのなかで鍛えられるのです**。体幹がしっかりしている子は、勉強するときの姿勢もいいし、集中力や意志力も自然と養われてきます。

サマースクールの配膳のときに、相手に向き合って両手でプレートを受け取れるような子は、やはり体幹がしっかりしているのだと思います。**体の軸がしっかりしていることが、マナーや規律性のある生活態度にも影響してくる**のです。

また、**外遊びは、体で感じる感覚「体感」も鍛えてくれます**。

体感は、体のさまざまな部位や五感で感じた情報を脳で処理するのに欠かせない感覚です。

たとえば、公園で鬼ごっこや缶けりをしているときは、公園を三次元的にとらえて、自分の行動を判断します。そういう遊びを通して、算数の図形問題を解くときに求められる**空間認識力が鍛えられている**のです。

木登りでは、枝に手を伸ばしたり、幹の凹凸に足を踏ん張ったりしながら空間認識力をフルに働かせていることになります。秘密基地をつくるときも、みんなで大縄跳びをするときも、やはり空間認識力がいかんなく発揮されています。

友達同士で外遊びをするときは、おもしろくするためによくオリジナルルールをつくりますね。何度もやってそのルールにたどり着いたとすれば、そこに**試行錯誤力や工夫力が働いていたことになります**。

さらには、一緒に遊ぶ友達の弟や妹のためにハンデをつけたり、二つのチームに分かれて同じチームのメンバー同士で協力し合うときなどは、**他者性が発揮されます**。この他者性も、他の人に対する思いやりや相手への配慮といった人間関係で大切な情緒的な側面だけでなく、学力にも直結する「心の構え」です。

主人公の気持ちを推しはかる国語の心情読解などは、わかりやすい例ですね。算数の文章題でも、出題者の意図を理解するうえで他者性が欠かせません。

空間認識力が問われる立体問題でも、二次元の紙に描かれた立体図から、実際の立体図を思い浮かべ、裏側の隠れている部分を想像するセンスは、やはり一種の他者性といえます。

たとえば、２０１ページに紹介する問題も、他者性がないと、混乱したり、まちがった答えを出してしまうことになります。みなさんも、チャレンジしてみてください。

外遊びは、自分を律する生活習慣や学力にも深く結びつく体幹や体感を鍛えてくれます。お子さんのために、ぜひ「ダブルのタイカン」を育んであげてください。

空間認識力や
他者性が
求められる問題

問題

同時に写真

Aくんと Bくんは同時に写真を撮りました。Aくんと Bくんも合わせて、何人で遊んでいたでしょう？

Aくんの写真

Bくんの写真

『考える力がつく算数脳パズル　空間なぞぺー』（草思社）より

答え 10人

2枚の写真には、片方の写真にしか写っていない子どもがいたり、両方に写っている子どもがいたりします。数え上げるときに、まず重複をしないよう注意すること。

また、写真を撮っている本人を忘れてはいけません。その注意力は、他者性と深く関わっています。下の俯瞰図のように子どもの位置をしっかりと理解できれば、相当の空間認識力の持ち主といえます。

Aくんの写真

Bくんの写真

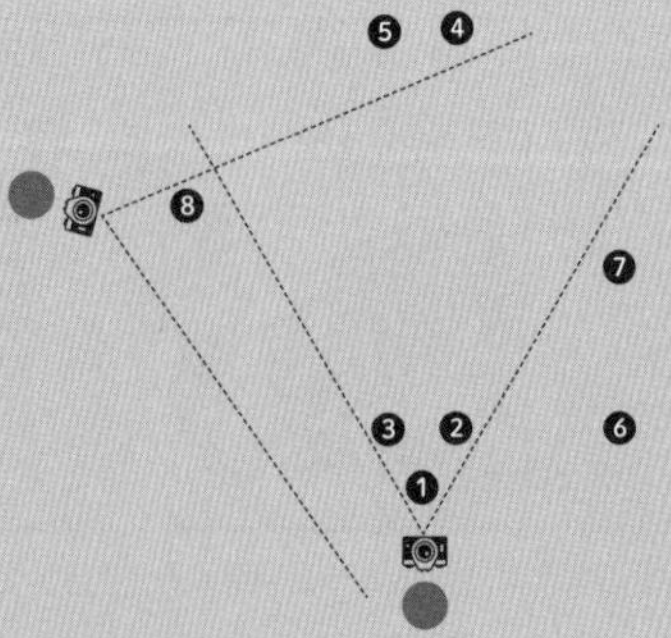

心がけ⑤

1日3分の「しっかり話すタイム」で、子どもの心が安定する

日々の生活習慣のなかでも、特に意識しておかなければならないのが、家庭での会話を通じての子どもの健全な育成です。豊かな感性を育むのも、論理的な思考力を鍛えるのも、原点は親子の会話習慣です。

仕事で忙しい親御さんの場合、勉強の面倒見だけでなく、子どもとしっかり向き合って話す時間がなかなかとれないという方もいます。家に帰っても、夕食の支度やお風呂の用意など、その後の段取りが気になって、子どもと交わすひと言ふた言も、頭をすり抜けていく「流し会話」になってしまいがち

です。

でも、**忙しい親御さんこそ、お子さんの顔をしっかり見て話す時間を意識してもつようにしてください。**30分や1時間も話さなくていいのです。**たった5分、いや3分でもけっこうです。1日1回の「しっかり話すタイム」です。**

もちろん、話すだけでなく、心を傾けて子どもの言葉を受けとめる「聴く」姿勢も大切です。心を込めて聴き、思いを込めて話す。この会話のストロークが、1日3分あるだけで、子どもの心はとても安定します。

「お母さん（お父さん）は、ぼくのことがとっても好きなんだ」

「わたしのことをいつも気にしていてくれる」

そんな思いが、どんなことがあっても自分には親がいる、という安心感になるのです。その安心は、子どもにとってはパワーの源です。学校で少々嫌なことがあっても、親とひと言ふた言話すだけで、エネルギーを回復したような思いになります。

中学受験でも、高校・大学受験でも、毎日長時間の学習を強いられる受験勉強では、やりぬく意志力や、へこたれない粘り強さがなくてはいけません。そんなここ一番の底力が必要なときに、親に愛されているという安心感が背中をひと押しもふた押しもしてくれます。

小さい頃のたった3分の「しっかり話すタイム」が、この先必要になる意志力や粘り強さを支える「安心の蓄電池」になるのです。

子どもと楽しく「しっかり話すタイム」を実践するなら、携帯電話やスマートフォンの時計機能で「3分」のタイマー設定をして、「はい、これから『しっかり話すタイム』ね」なんてノリでやってもいいでしょう。

学校での出来事、友達のこと、宿題やドリルをやって思ったこと、今日のお母さん（お父さん）の雰囲気……などなど、話題はなんでもいいと思います。会話は言葉のキャッチボールです。野球のキャッチボールと同じで、胸で受け止め、胸に返すことが基本です。**心で聴き、心に伝えることを忘れないでください。**

そして、3分の合図となるメロディが流れたら、ギュッと抱きしめる。これ、けっこう大事です。昨日までそんなことをしなかった親が急に抱きついたりすると、子どももびっくりするかもしれませんが、思いっきりやってみてください。

男の子は年頃になると照れくさがったりもしますが、実はうれしいに決まっています。心底、親のことが好きなんですから。

1日3分の会話が、子どもの将来にもすごくいい影響を与えると思ったら、夕食の支度が3分くらい遅れてもいいと思いませんか?

心がけ6

いつもの道を歩きながら「特別な時間」を楽しむ

花まる学習会のある講師が、小学校低学年の女の子と男の子のきょうだいをもつお母さんの話を報告してくれたことがあります。

授業後に、そのお母さんと立ち話をしているときに、たまたま、子どもの自転車のことが話題になりました。するとお母さんは、「わが家は、子どもに自転車は買ってあげないことにしているんです」と言いました。

講師は、安全管理のためかと思い、「やっぱり、クルマの行き来のある道があると不安ですからね」と理由を婉曲《えんきょく》に尋ねました。

すると、お母さんはこう言葉を返してきたのです。

「それもそうなんですが、親子で歩くってとても大切だと思うんです。自転車よりも会話が増えますし。同じ歩幅で、同じ速さで歩くことが幸せなんです。駅から家までは20分かかりますが、3人で話しながら帰れば、あっという間です」

講師は、このお母さんの言葉を聞いて、とても感動したと言っていました。

おそらく、母子3人乗りで自転車で家に帰れば、歩くよりは15分くらい早く家に着けそうです。でも、その15分の時間の節約より、「20分の親子会話」を大事にしたわけですね。心のゆとりがつくる、とても豊かな時間の使い方だと思います。

ふだんの塾の送り迎えや、買い物の行き帰りにも、貴重な「お話タイム」があります。そんなときの何気ない会話が、子どもの心を動かすこともあるはずです。そして、学校で教科書を読んでいるときに、ふとそのときの記憶がよみがえったりする。

親の思いや心というのは、そんなふうにして受け継がれていくのだと思います。

家庭での「しっかり話すタイム」をもつことも大切ですが、いつもの道を歩きながらのお話タイムもぜひ大事にしてください。不思議なことに、家での会話より**「特別な時間」を味わっているような気分にもなる**ものです。

心がけ⑦

学校であったことを要領よく話す習慣をつける

学習的な観点からの、親子会話のあり方についてもお話ししておきましょう。

ノーベル賞の受賞者は、世界人口の0・2％程度のユダヤ人が、20％以上占めているそうです。「頭脳こそ財産」とするユダヤ人の徹底した教育方式はさまざまなところで語られていますが、家庭教育の厳しさもそのひとつです。

たとえば、子どもが学校から帰ってくると、学校で習ってきたことを親の前で授業さながらに説明するのだそうです。親は真剣にその〝授業〟を聞く。子どもにとっては、学習内容の定着になるというわけですね。

日本でも、親御さんが「今日、先生からどんな話を聞いたの？」などと子どもに聞く風景はどこの家庭でも見られます。ただ、男の子の場合だと「うん、工場の話」とそっけないひと言ですましてしまうことがよくあります。高学年になってくると、「え？　フッーの授業だよ」などと、内容のひと言さえない状態になることも。男子の〝無口の壁〟の前で、親はモヤモヤが募ってしまいます。

でも、そんな男子でさえ、**小学1年のときから、学校であったことは必ずその晩の話題にすることを「わが家の習慣」にしていれば、中学年、高学年になってもけっして「フツー」ですますようなことにはならない**と思います。

女の子の場合は、わりとペラペラとしゃべってくれることが多いので、聞き出すのにそれほど苦労はないと思います。ただ、「ペラペラ」で終始して、結局なんの話だったのか要領を得ないことがよくあります。

会話がはずむという意味では、没コミュニケーションになるよりずっとましですが、**ときどき「それって、こういうこと？」と話のポイントを突いてあげる**といいですね。自分が言いたいのは、要はどういうことなのか？　それを考えさせるのです。

女の子に限らず、低学年のうちは、子どもの話はどうしても出来事の羅列になってしまいがちです。作文でもそういうパターンがよく見られます。

全体を俯瞰して大事なポイントをつかんだり、まとめたりする要約の力がまだついていないからです。でも、**高学年になってくると、国語でも算数でも学力をつけていくためには要約力は欠かせない**ものになります。

ふだんの親子の会話を通して少しずつ要約力を育んであげましょう。

学校の出来事を聞くときにも、「何があったの？」ではなく、**「どんなふうにおもしろかったの？」「どういうところが勉強になったの？」と突っ込んだ**

聞き方をすると、子どもなりにどのように言えばいいかを考えます。それが〝要約感覚〟の第一歩です。

最初は、一番印象に残っていることから話し始めると思いますが、そのとき親は大きくうなずいたり、ときには目を丸くして驚いたり、**オーバーアクション気味に反応を見せてください。**その反応で、子どもは「あぁ、こういうふうに言えばわかってもらえるんだ」と話し方の要領を少しずつつかむようになります。

さらに**親が、「つまり、こういうことだね」とか、「要するに、こういうことね」などと、まとめるような言い方をすると、それが要約の見本にもなります。**

要約力の地力がつくまでには時間がかかります。子どもの口から「つまり」「要するに」という言葉がよく出るようになるまで、ぜひ意識して続けてみてください。

親子でちょいトレ⑦

「○○が△△した話」と一文で言う要約トレーニング

低学年の頃からできる要約力のトレーニングとして、読書で物語を読んだときなどに、「○○が◎◎したときに△△した話」と一文でまとめる「一文要約」があります。本好きの子には、「一文でいいから、読書ノートをつけてみたら？」とすすめるのもいいでしょう。

これはふだんの親子の会話でもできます。子どもが本やテレビドラマ、漫画など、さまざまな作品にふれたときに、「どんな話だった？　一文で教えてくれる?」と問いかけてみるのです。お子さんが高学年なら、単に出来事を要約するのではなく、主題やテーマを盛り込んだ一文にすることにも挑戦させてみてください。

最初から“模範解答”を求めるのではなく、親子で話し合いながら、「要約した一文」にたどり着くことが大切です。お子さんの言うことが少し的をはずしていても、ダメ出しはNGです。ヒントを出しながら、自分なりに考えるように仕向けましょう。

心がけ8

「だから・なぜなら会話」で論理力が鍛えられる

日頃の子どもとの会話でも、**親御さんに意識していただきたいのは、話し方の論理性**です。

算数の文章題では、答えを導き出すのに「こうだから、こうなる」という論理的思考の積み重ねをしていかなければなりません。算数・数学で学ぶあらゆることが、論理を前提にしていると言っていいでしょう。

国語にも、やはり論理力は欠かせません。評論文で筆者の言いたいことをつかむために、「こうだから、こういうことになる」とやはり論理的な思考が必要になります。

もちろん、社会人になってからも論理力は必須の能力です。企画の立案、仕事関係者とのコミュニケーション、会議での議論などなど、ありとあらゆるところで論理的な思考力や説明力が求められます。**「メシが食える大人」として生きていくために、なくてはならないのが論理力**ともいえます。

その「論理」を親子会話でも、というと、少し腰が引けてしまう親御さんもいるかもしれません。でも、そんなにむずかしく考えることはありません。

先ほどもお話ししたように、論理とは「こうだから、こうなる」という考え方の流れです。「こうだから」を理由、「こうなる」が結論とすれば、**理由と結論が会話のなかでガチッと合っているか、その点に注意して子どもの話を聞くことからスタート**してはいかがでしょう。

着目のポイントは「だから」という理由の接続詞です。正確にいうと、「〜したから、こうなった」と接続助詞「から」が理由を説明するのに使われることもありますから、「だから」「～から」が出てきたら、要注意ということですね。

たとえば、お子さんがこんなことを言ってきたら、どう判断します？

「山田くんがスマホを買ってもらったんだって。だから、ぼくも欲しい」

この「だから」、はたして、前に出てくる理由と、後に出てくる結論を、正しく結びつけているでしょうか？

やっぱり、ちょっと飛躍がありますね。

「山田くんのうちは山田くんのうち。わが家にはわが家のルールがあるからダメ！」

親の方針として、一刀両断にそう言い切ることもできると思いますが、こんなときは、「でも、なぜそんなにスマホが欲しいの？」と、理由を聞いてあげるのがていねいな対応ですね。そこで、子どもがこんなふうに言ってきたらどうでしょう？

「前から思っていたんだけど、塾からの帰り、けっこう遅くなることあるよね。万が一、何かあったとき困るから、スマホがあったほうが便利じゃない」

「何かあったら困る」、だから「スマホがあったほうが便利」というのはスジが通っていそうですね。理由と結論の論理性を厳密に考えれば、ほかに連絡をする方法はないのかとか、いろいろ考えることはありますが、それでも最初の言い方に比べたら論理的になっています。

こんなふうに、**子どもの話のなかで「だから」「～から」が出てきたら、その前後の話が、理由と結論の正しい関係になっているか、注意しながら聞いてみましょう**。

理由が甘いと感じたら、「でも、本当にそうかなあ？」とツッコミを入れてみましょう。先の例のように、親としての決断を迫られるような話だけでなく、子どもの何気ない話のなかで、「だから」「～から」がいい加減に使われているケースはけっこう多いものです。

親が意識して、こんな言い方をするのも「論理的会話」の見本になります。「今日はカレーにしようか。なぜなら、しばらく食べてないから」ちょっと堅苦しい言い方ですが、この「なぜなら」も理由の接続詞です。「だから」が理由が先、結論が後なのに対して、こちらは結論が先、理由が後になります。「だから」に比べると、結論を先にもってくるぶんインパクトがあります。

大人社会の会話でこの「なぜなら」をよく使う人は、おしなべて頭がよく、話し方にも説得力のある人が多いですね。かつて、塾生たちにそんなことも言い添えて「なぜなら」の使用をすすめると、面白がって、会話にやたら「なぜなら」が出てきて苦笑したことがありました。

でも、そんなノリでいいと思います。**「型」から入って、思考がそれについ**

てくることは子どもの教育現場ではよくあることです。ぜひご家庭でも試してみてください。

心がけ9

テレビドラマを観たときのつぶやきで共感力を養う

これから成長していく子どもには、**人の考えを理解したり、心情に思いを寄せる「共感力」もしっかり育んでいただきたい**と思います。子どもには「共感力」という言葉はむずかしいかもしれないので、「**心を感じる力**」と言い換えてもいいでしょう。

それでも、子どもには抽象的だったら、こんな言い方をしてもいいかもしれません。

「相手の人が言葉でハッキリ言わなくても、喜んでいそうだとか、悲しんでいそうだとか、なんとなくわかるときがあるよね。それって、○○ちゃん

（子どもの名前）が、人の心を感じる力があるからだよ。むずかしい言葉では『共感力』って言うんだけどね」

共感力は最近よく使われる言葉ですが、ビジネス書でもよく目にします。相手の立場に立って物事を考える姿勢は、円滑に仕事を進めるためにはなくてはなりません。相手が直接言葉にしなくても、その心中を推しはかったり本音を読み取ろうとします。

共感力も、社会人としてもつべき「メシを食う力」に直結しています。

共感力を脳科学的に研究している専門家もいます。東邦大学医学部の有田秀穂名誉教授は、４コマ漫画を使って「共感」する脳の部位を確かめています。

私たちは漫画を見たときに、セリフがなくても、登場人物の表情やしぐさを見ただけで笑ったり涙したりします。登場人物の心情や作者の意図に共感しているわけです。そのとき脳で反応しているのが、眉間の少し上「第三の目」といわれる箇所です。

その場所を有田さんは「共感脳」と呼んでいますが、共感脳が反応しているときは、心を穏やかにする脳内物質「セロトニン」が分泌されているのだそうです。

こんな話を聞くと、人間には生来の共感力が備わっているように思えます。ただ、小さい子どもは、何か感じ取っていたとしても、それを言葉にする力がまだありません。そこでおすすめしたいのが、**家庭での「心情のつぶやき習慣」**です。

たとえば、テレビのドラマやアニメを一緒に観る機会があるとします。そんなとき、登場人物の心情が表現される場面が必ずあるはずです。

そこで、すかさず親が心情をつぶやきます。

「こうされると、やっぱりうれしくなるよね」

「いま見た？　あの悲しい顔」

「これはひどいね、誰だって怒るよ」

つまり、登場人物の代弁者になるわけです。あえて、そんなこと言わなくても、わかっている子もいるでしょう。でも、それをきちんと言葉にできるかどうかは別問題。語彙《ごい》力や表現力のあるなしと深く関わってきます。

感じていることを言葉にすることに、大きな意味があるのです。特に男の子の場合は、文章にしても映像にしても、その描写を登場人物の心情と重ねてとらえることが苦手な子もいます。そんな子のためにも、親がまず見本を見せるわけです。

そのうち、子どもが「こりゃひどいね」なんて言い出したら、つぶやき作戦成功です。「そうだよねぇ、ひどいねぇ」とすかさず相槌を打ってあげましょう。

素材は、雑誌や単行本の漫画でも、新聞やテレビのニュースでも、なんでもいいと思います。そこに**登場するキャラクターや実際の人物のつもりになって、まず感情を移入することが、人を思いやる心を育む第一歩にもなる**のです。

心がけ⑩

「スケッチ会話」で映像化力のトレーニング

物語やドラマの登場人物の心を推しはかるのは、悲しみとか怒りといった抽象的な概念を思い浮かべるイメージ力によるものです。国語の心情読解では、そのイメージを言葉にする力が求められます。

イメージ力には、実際の物の形や情景を思い浮かべる視覚的イメージ力もあります。「**映像化力**」ともいえるものです。

「卵」や「鉛筆」という言葉から、実際の卵や鉛筆の形を思い浮かべるのは、この映像化力ですね。算数の図形問題で立体図が描かれていたときに、二次元の世界の描画を見て実際の立体を思い浮かべるのは、空間認識力であると同時に、映像化力によるものということもできます。

国語の物語文で、人物の動きや表情、情景の描写があったときに、実際の場面を想像するのは、やはり映像化力によるものです。

映像化力は、仕事の場面でもよく求められます。仕事のデキる人は、話を聞きながら、その内容を手元のメモ帳や紙にササッと図解にしたりします。文章として書くより、キーワードを四角で囲ったり、矢印で関係性を示したりして映像化したほうが理解しやすいと考えているからです。

こんな映像化力を、家庭での親子会話のなかで鍛えることができます。

たとえば、学校での出来事を子どもから聞くとき、親御さんが風景を思い浮かべるようにいろいろ質問するのです。

「今日、運動会の予行演習があったんでしょう？　何がおもしろかった？」

「う〜ん、大玉送りかなぁ」

「紅組と白組に分かれてやったんだね。大玉にさわった?」

「うん、ちょっとだけ」

「大玉がきたとき、どんなふうに見えた? 目の前にドーンときたって感じ?」

「うん、すごく大きかった」

「どれくらい? ○○ちゃん(子どもの名前)の何倍くらい?」

「う~ん、10倍くらい? もっとかなぁ……」

「すごいねぇ。迫力あっただろうね。そのとき、まわりの友達はどんなだった?」

「もう、みんなきゃっきゃ言いながら大玉にさわろうとしてた」

「みんな、両手を上のほうに伸ばして?」

「そう、万歳するみたいにして」

という具合に、**風景がありありと思い浮かぶように質問を重ねていく**のです。子どもは、話しながら、自分もその場面を思い浮かべます。頭のなかで言葉を映像化する作業をしていることになります。

親御さんが、**話を聞きながら、コピー用紙などに簡単なスケッチを描いていくのもいい**ですね。「大きさはこれくらい？」などと言いながら場面を絵にしていく。子どもは面白がって、もっと詳しく話そうとするはずです。

いわば「**スケッチ会話**」です。立場を変えて、親の話に子どもが質問しながら絵を描いてもいいですね。このスケッチ会話は、作文を書くときにも応用できます。

言葉とイメージとのつながりを、ぜひお子さんに実感させてあげてください。

親子でちょいトレ❽

音読しながら映像化力を鍛える「場面思い出しクイズ」

164ページの「親子でちょいトレ⑥」で、精読力や集中力を鍛える「音読打率ゲーム」を紹介しましたが、ここで紹介するのは、音読の映像化力バージョン「場面思い出しクイズ」です。もちろん、精読力、集中力のトレーニングにもなります。

お子さんが物語文の音読をしたあとに、書かれていた場面がどんなだったかをクイズとして出します。たとえば、こんなふうに。

「『ごん』が兵十《ひょうじゅう》と加助のあとをついていったとき、兵十の何を踏みながらついていったでしょうか」(『ごんぎつね』からの出題。答えは「かげぼうし」)

クイズの出し方はあらかじめ説明し、場面をひとつひとつ思い浮かべながら読むことが大切だと教えます。親御さんも一緒にやってみるとわかりますが、精読力、集中力、映像化力すべてをマックスパワーにしないといけません。映像化できなかった言葉や文章があったら、あとで辞書調べもしながら話し合ってみましょう。

心がけ⑪

相手の立場で話す「伝える力」を親子で磨き合う

これまで何度か「他者性」という言葉を使ってきました。他者性は自分ではなく、相手の立場になって考えることです。

勉強では、その「相手」が物語文の主人公になったり、文章題を解くときには出題者になったりします。もちろん、ふだん顔を合わせる学校や塾の先生、クラスメイト、そしてお母さんやお父さん、きょうだいが「相手」になることもありますね。

社会人として働くようになれば、この他者性はより強く意識せざるをえません。上司はどういう意図でこの指示を出しているのか。取引先の担当者はうちの会社をどう見ているのか。お客さんはこの新製品に何を求めているのか。つねに相手の立場に立って考える視点が欠かせません。

この**他者性も、やはり「メシが食える力」のひとつ**と言っていいでしょう。**他者性をわが子にどう育んでいくか。親御さんにとっては大きなテーマ**です。

子どもが誰かに迷惑をかけたとき、「相手の立場になって考えてみなさい」などと言うときがありますね。でも、まだ人生経験の浅い子どもには、たとえ「相手」が友達でも、その立場になるというのはなかなかむずかしいものです。

日頃、親子で会話するなかで、子どもに「相手」を意識させるようにしましょう。

学校であったことを話すときに、その場にはいなかった親にちゃんとわかるように伝えられるか。教科書で読んだ物語の内容を、要点をつかんで教えられるか。友達と公園で遊んだときのことを、親が絵に描けるように話せるか。

ふだんの親子会話で、子どもにいろんなことを話させる意味がここにあります。

ですから、**親がわかっていることも、あえて初めて聞くようなそぶりで耳を傾けたり、驚いたような顔で聞いてあげることが大切**になります。親の反応を見ながら、子どもは一生懸命考えながら話します。

つまり、**親との会話は、子どもの他者性を育む原点**でもあるのです。

実は他者性は、親自身にも求められるものです。

第1章で挙げた「落とし穴」を思い出してください。つい余計なひと言を言ってしまったり、友達やきょうだいと比べてしまったり、ダラダラと叱り続けたり。これらはすべて、**「相手」の立場になりきれていないために陥って**

しまう落とし穴です。

なぜ、子どもの立場になれないのか？　子どもを「他者」として見ていないからですね。わが子を愛するがゆえに、自分に引き寄せて一体化してしまっているのです。

高校生の子どもの修学旅行に親がついていって近くのホテルに泊まっていたという、笑うに笑えない話を聞いたことがありますが、それと同じようなことを、ふだんの生活のそこかしこでしている可能性が大いにあるのです。

一方、「自分の言うことが子どもになかなか伝わらなくて」と悩んでいる親御さんも多いと思います。でもそれは、けっして子どもの耳に入っていないということではありません。子どもが何も感じていないというわけでもありません。

行動や結果が伴わないことに親はイライラを募らせますが、「種は芽が出る、芽は伸びる」と信じる心の余裕が、子どものためにも、そして親のためにもとても大切です。そういう意味では、**しゃかりきに伝えようとする前に、子どもの聞き役に徹すること**。それこそが、親の他者性を養う第一歩かもしれません。

親子でちょいトレ❾

相手視点での伝える力が試される「道順説明ゲーム」

自分がいまいる場所を起点に、隣にいる人に道案内するのはわりと簡単です。でも、自分がいまいる場所までの道順を、駅に降り立った人に説明するのは意外とむずかしいものです。空間認識力とともに、相手の立場に立った視点が欠かせないからです。

親子で、そんな「道順説明ゲーム」をやってみましょう。

親は、「迷い人」の役。「いま学校にいて、家までの道順がわからない」と自宅にいる子どもに電話してきたという設定です。「迷い人」にわかりやすく道順を説明させます。親は、初めてその道を通るつもりで聞かなければなりません。

慣れたら、他のスポットから自宅への道のり、他のスポットから自宅以外の場所へ、というふうにいろんなバリエーションを試してみましょう。説明する際のポイントとしては、①建物などの目印、②その場所までの距離、③信号や角の個数、④まっすぐか、左か右かといった方向が大切であることを教えましょう。

心がけ⑫

1行でもいいから、日記を書く習慣をつける

子どもの生活習慣のひとつとしておすすめしたいのが日記です。

理由のひとつは、**文章を書くことを苦にしない「書き慣れる」習慣を身につけてほしいからです**。文章が上手になるとか、表現力が豊かになるといった効果もやがて表れるときがあると思いますが、低学年のうちはあくまで「書き慣れる」ことが優先です。

毎日必ず書かなくても、2、3日置きでかまいません。しかも、たった1行でもＯＫです。そう言えば、子どもの〝心のハードル〟もかなり下がると思います。

「きょう、がっこうではっぱのかんさつをしました」

これで十分です。ここで**大事なのは、親が余計なひと言を言わないこと。**親の欲目で、せっかく書く習慣がつきかけたのに、「これ、漢字で書けるでしょ?」とか「もう少しましなこと書けないの」なんて言ってしまうと、途端に子どもはモチベーションダウンです。

二つ目の理由は、これがより大切なのですが、**自分を見つめる子になってほしい**ということです。

高学年になってくると自我も芽生え、親とは違う自分の世界をもちたがるようになります。自分のずる賢いところが見えたり、妙に自信にあふれている自分に気づいたりする。またあるときは、大人が口にするきれいごとに嫌気がさしたり、でもその一方で親に甘えたい自分もいる……。

そんな自分を、もうひとりの自分が見るようにもなるのです。高学年では、日記を書く意味も内容も低学年とは違ったものになります。そこには、親には、知られたくない世界があるのです。

ですから、私は、5、6年生の塾生に「日記のすすめ」を言うときは、日記帳は絶対見つからない場所に隠しておくようにと言い添えます。

三つ目の理由は、**言葉と向き合ってほしい**ということです。言葉によって物事をとらえ、言葉を使って友達や自分の心を見つめ、言葉を通して世の中を見渡す。当然のことですが、言葉なくして私たちは生きていくことができません。

本書で親御さん向けにお伝えしてきたことも、「最初に言葉ありき」の話がほとんどではないかと思います。子どもを勉強嫌いにさせるのも好きにさせるのも、親のちょっとしたひと言であったり、親子の何気ない会話だったりするわけです。

言葉が人をつくり、人を成長させるのです。子どもはやがて、自分自身の言葉をもつようになります。それは、日記にもくっきりと表れます。自分自身の言葉で考え、自立的な成長の道を歩み始めるのです。

低学年のうちは親に喜んでもらおうと思って日記を見せていたのが、いつのまにか見せなくなったら、そろそろ子離れの時期と思ったほうがいいかもしれません。親の知らないところで、オタマジャクシがカエルに変貌を遂げようとしているのです。

心がけ13

自信と癒しの魔法で、親が輝き続ける

この本では、それぞれのテーマでお話しするなかで、親御さんに言ってほしくないNGワードをいくつも例示してきました。

もうひとつ、言い添えておきたいことで、「**ひと任せの叱り方**」というのがあります。

たまにあるのが、子どもが電車のなかなど公の場で騒いだりしたときに、ひそひそ声で「ほら、そんなことしたら、あのおじさんに怒られるよ」と、いかにも怖そうなおじさんを横目でチラリというパターン。

自分自身は、子どもに嫌がられない立ち位置にいて、よそのおじさんを

「怖い悪者」にする。親は効果があると思ってそう言っているのでしょうが、はっきり言ってズルイ言い方です。しかも、その「怖そうなおじさん」にとって、親のその言葉は大変失礼です。

同じパターンで、このように言うお母さん（お父さん）もときどきいます。

「そんなことしていたら、お父さん（お母さん）に叱られるよ」

お父さん（お母さん）という〝虎の威〟を借りているわけですね。夫婦ですから、相手に失敬というわけではありませんが、でもこれも、当事者が子どもの前から消えてしまっているという意味では、先の「怖そうなおじさん」と同じです。

ズルイというきつい言い方をしましたが、このような叱り方をするのは、私には**親の自信のなさの裏返し**にも思えます。

子どもがなかなか自分の言うことを聞いてくれない。ついイラッとして叱ることもある。でも、それでもやっぱり思い通りにならない。そんな自分に「はぁ～」とため息をつくこともあるかもしれません。

でも、**思い通りにならないのが子育てです。昨日言ったことをケロッと忘れてしまうのが男の子です。まるで大人の女性のように、いじわるな口をきくのが年頃の女の子**です。そうではあるのですが、子どもたちは親に叱ってほしいのです。

親という「絶対の基準」を求めているのです。親が叱るかほめてくれるかが、最大の判断基準です。親が大好きだし、自分のことを一番よくわかってくれていると信じているからです。口では言えなくても、心のなかには、そういう思いがぎっしり詰まっているのです。

ですから、**「親がダメだって言っているんだから、ダメ！」**と自信をもって言い切ってもいいと思います。中途半端な気配りも理屈も必要ありません。

子どもには、自信をもって接する一方で、**親が心をスキッとさせる「癒し**

の魔法」をもっていることも大事です。

たとえばお母さんなら同じ年頃の子をもつママ友とのおしゃべりで、なんの解決策が出ていなくてもスッキリすることがありませんか？

近くに実家があるなら、ご自分の母に愚痴をこぼすのでもいいでしょう。「男の子なんてそんなもんよ」とひと言聞くだけで、心のつかえが取れたような思いになります。

仕事で忙しくてなかなか子どものほうに目を向けてくれないお父さんに、「今度の日曜、子ども、お願いね。私、出かけるから」とキッパリ宣言して出かけるのもいいのではないでしょうか。ふだんいろいろあっても、「夫と子どもが遊んでいる姿を見るとなぜかスッキリする」という方はけっこういます。

アイドルの追っかけだって悪くないと思います。私の知り合いでも、ジャニーズや韓流アイドルが、日々のストレスを解消してくれる特効薬になると言う方がいます。

そんな魔法の薬は、子どもにつける薬ではありません。でも、その魔法で、**親が癒され、心に余裕ができて、ニコニコ顔を取り戻すことができれば、その笑顔こそが子どもにとっては、一番の「成長の魔法」**になります。

いまのあなたの**お子さんにとって必要なのは、「優秀な親」であり続けることよりも、「いつも微笑んでいる親」であり、「いつも安心できる親」**なのです。

子どものやんちゃも楽しんでしまう。聞き分けが悪いのも、少し引いてながめてみる。いまは勉強嫌いでも、イライラせずに様子を見てみる。そんな**心の余裕が、子どもの学習習慣や生活習慣にも特効薬になる**ことを信じてください。

左手に自信、右手に癒しの魔法。この二つがあれば、親もずっと輝いていることができます。

親の癒しの魔法の効果

…というわけで親御さんの心の安定が大切なんです
・生活のスピードを上げる
・しっかり話すタイムをつくる
・親御さんが自分に癒しの魔法をかける
・・・
なるほどねー…
私たちの心の安定かー…
確かに最近余裕がなかったな…久しぶりにリフレッシュしてみるか!
尾谷
パパ明日友だちとおでかけしてくるから子どもたちをお願いね
うん!
ママ明日どっか行くの?
レナちゃんのママとヨガの体験教室にね!
たのしみー
フフフ♪

宿題やってるの？
感心ねー？
………
少女マンガ
あたしも宿題やろーっと！
お！あかり！
えらいえらい！
パパとママの心が安定したことで…
あかりちゃんの勉強への取り組み方が変わりましたとさ。

おわりに

本編をお読みいただき、いかがだったでしょうか。

「ずいぶんやること多いなぁ」と、フーッとため息が出た方もいるかもしれません。もちろん、本書に書いたことをすべてやってください、というわけではなく、あくまでできることからやってください、というのが私の本意です。


さて、「はじめに」でも触れましたが、いったいなんのために、子どもに勉強ぐせをつけるのか？　読みながら、少し考えていただけたでしょうか。

勉強ぐせがつけば、それなりに成績も上がり、中学受験をめざすのであれば、志望校合格への道が切り開けたり、あるいは、公立中学に進学したとしても、中学校での学業成績を高めたり、さらにはその先の高校受験で難関校への挑戦意欲が高まったりと、学力面でのプラス効果は大きいものがあると思います。

ただ、勉強ぐせで得るものは、はたして学力だけでしょうか。

「学業の成績を上げたい」という親御さんの切なる願いからすれば、学力の向上が得られれば、それ以上言うことはない、ということになるかもしれません。でも、本書を読んでいただいて感じた方もいるかと思いますが、勉強ぐせとは、「生き方の本質」にふれる作業にほかなりません。

わかる喜びを知る。わかったフリはしない。モヤモヤした中途半端な知識はそのままにしない。「なぜ?」を大事にする。とことん最後までやりぬく……。勉強ぐせをつけたり、勉強を好きにさせるための親御さんへのアドバイスとして本書で紹介してきた話の数々は、実は生き方の姿勢そのものなのです。

小さな子どもに、学習習慣を生き方の本質にまで結びつけて語るのは、まだまだ大変ですが、少なくとも、本書を読んでくださった親御さんにはぜひ心にとめていただきたいことでした。それが「はじめに」で、みなさんと共有したいと書いた「私の心の底からの願い」です。

生き方の本質とは、私なりの言い方で言えば、社会に出て「メシが食える」ということです。小学生の頃から自立的な学習習慣がつけられるのが理想と考えるのも、将来、「メシが食える大人」になるためです。

勉強が好きになるのも、勉強ぐせをつけるのも、それを支える生活習慣や親子の会話習慣があってこそと本書でお話ししたのは、「メシが食える力」は学力のみによって手にできるものではないからです。

というわけで、本書にはずいぶんと盛りだくさんのことを書かせていただきました。ひとつでも二つでも、お子さんの明るい未来をつくるヒントにしていただけたら、著者としてこれ以上うれしいことはありません。

高濱正伸

著者紹介

高濱正伸 たかはま・まさのぶ

花まる学習会代表。日本棋院理事。1959年熊本県生まれ。東京大学農学部卒、同大学院農学系研究科修士課程修了。1993年に、「メシが食える大人に育てる」という理念のもと、「作文」「読書」「思考力」「野外体験」を主軸にすえた学習塾「花まる学習会」を設立。保護者などを対象にした講演会は、参加者が年間30000人を超える。「情熱大陸」（毎日放送／TBS系）、「カンブリア宮殿」（テレビ東京）などドキュメンタリー番組にも出演し、注目を集めている。主な著書に『なぞぺー』シリーズ（草思社）、『小3までに育てたい算数脳』（健康ジャーナル社）、『マンガでわかる！10歳までに』シリーズ（永岡書店）、『わが子を「メシが食える大人」に育てる』（廣済堂出版）、『メシが食える大人になる！　よのなかルールブック』（日本図書センター）などがある。

カバー・本文デザイン
株式会社ウエイド（山岸 全）

マンガ・イラスト
株式会社ウエイド（関 和之）

校正
くすのき舎

※本書は『〈高濱流〉わが子に勉強ぐせをつける親の習慣37』に
加筆・修正をし、改題したものです。

メシが食える大人になるために
子どもを勉強好きに変える
親の習慣

2021年12月10日　第1刷発行

著　者　高濱正伸
発行者　永岡純一
発行所　株式会社 永岡書店
〒176-8518　東京都練馬区豊玉上1-7-14
代表：03-3992-5155
編集：03-3992-7191
製　版　編集室クルー
印　刷　精文堂印刷
製　本　コモンズデザイン・ネットワーク

ISBN978-4-522-45404-6 C0137